Martin Luther

Albrecht Beutel, geboren 1957, ist seit 1998 Professor für Kirchengeschichte an der Evangelisch-Theologischen Fakultät der Westfälischen Wilhelms-Universität Münster

Albrecht Beutel

MARTIN LUTHER

Eine Einführung in Leben, Werk und Wirkung

EVANGELISCHE VERLAGSANSTALT
Leipzig

Bildquellen:

Abb. 1: Zentralbibliothek Zürich MS A 2
Abb. 2: Ullstein-Bild
Abb. 3: Stiftung Luthergedenkstätten in Sachsen-Anhalt, Sig: fl IIIa 208
Abb. 4: epd-bild/digitale Bibliothek
Abb. 5: Stiftung Luthergedenkstätten in Sachsen-Anhalt, Sig: Ag 4^0 191a
Abb. 6: Stiftung Luthergedenkstätten in Sachsen-Anhalt
Abb. 7: Ullstein-Bild
Abb. 8: Herzog August Bibliothek, Wolfenbüttel: Bibel-S. 4° 11
Abb. 9: Stiftung Luthergedenkstätten in Sachsen-Anhalt, Sig: fl XX 1104
Abb. 10: Öffentliche Kunstsammlung, Basel, Inv. Nr. 177 und 177a
Abb. 11: Stiftung Luthergedenkstätten in Sachsen-Anhalt, Sig: fl VII 11779e
Abb. 12: Herzog Anton Ulrich-Museum, Braunschweig In. 5713

Die Deutsche Bibliothek – Bibliographische Information
Die Deutsche Bibliothek verzeichnet diese Publikation in der Deutschen
Nationalbibliographie; detaillierte bibliographische Daten sind im Internet
über http://dnb.ddb.de abrufbar.

Die erste Auflage des Buches erschien 1991 unter dem Titel „Martin Luther"
im Verlag C. H. Beck, München.

2., verbesserte Auflage
© 2006 by Evangelische Verlagsanstalt GmbH, Leipzig
Printed in Germany · H 7081
Alle Rechte vorbehalten
Cover: Schröder Design, Leipzig
Satz & Layout: Nadia Brachmann, Leipzig
Druck und Binden: Offizin Andersen Nexö, Zwenkau

ISBN-10: 3-374-02410-6
ISBN-13: 978-3-374-02410-0
www.eva-leipzig.de

INHALT

Vorwort 7

I. »Du sollst dir kein Bildnis machen ...«

    1. Die Wirkung 9
    2. Das Werk 22

II. Lehrjahre (1483–1512)

    1. Kindheit und Jugend 26
    2. Student der Philosophie 33
    3. Der Gang ins Kloster 37
    4. Priester und Professor 44
    5. Die Reise nach Rom 49

III. Aufbruch (1512–1521)

    1. Die reformatorische Einsicht 57
    2. Der Streit um den Ablass 65
    3. Rom contra Luther 73
    4. Konturen 82
    5. »Hier stehe ich ...« 89

IV. Entfaltung (1521–1530)

1. Die Bibelübersetzung 98
2. Neuordnung der Kirche 107
3. Volksfreund oder Fürstenknecht? 119
4. Der Bruch mit Erasmus 126
5. Familienglück 131

V. Bewährung (1530–1546)

1. Bekenntnisse 142
2. Das Bild vom Menschen 147
3. Sprachgewalt und Sprachverständnis 152
4. Verhärtungen 161
5. Die letzte Reise 169

Anmerkungen 177

Erste Hinweise zur Literatur 181

Zeittafel 183

VORWORT

Diese populartheologische Einführung in Wirkung, Leben und Werk Martin Luthers erschien erstmals 1991, nahezu zeitgleich mit meiner das Sprachverständnis Luthers ergründenden Dissertation. Seit vier Jahren war das Büchlein vergriffen. Die anhaltende Nachfrage von Studierenden und anderen Liebhabern Luthers sowie der Zuspruch einiger freundlicher Kollegen haben mich nunmehr bewogen, trotz widriger Zeiten eine Neuauflage zu wagen.

Bis auf einzelne stilistische Verbesserungen und marginale sachliche Änderungen, die sich dem Fortgang der Lutherforschung verdanken, ist der Text unverändert geblieben. Die Literaturhinweise wurden gestrafft und aktualisiert.

Der Evangelischen Verlagsanstalt und namentlich Frau Dr. Annette Weidhas bin ich für die spontane Bereitschaft, die zweite Auflage dieser Etüde zu übernehmen, von Herzen dankbar. Frau stud. theol. Gabriele Spehr hat die technischen Arbeiten mit großer Sorgfalt und Umsicht betreut. Auch ihr gilt mein herzlicher Dank.

Die Erstauflage trug die Widmung: »Hans Martin Müller / guter Jahre / dankbar gedenkend«. Damit sollte zum Ausdruck gebracht sein, dass die große, vertrauensvolle Freiheit, die der Tübinger Praktische Theologe und Lutherkenner seinem Assistenten zwischen 1984 und 1989 eingeräumt hat, nichts weniger als eine akademische Selbstverständlichkeit war. Im Abstand der Jahre kann ich um so besser ermessen, was ich der wissenschaftlichen und menschlichen Obhut Hans Martin Müllers verdanke. Bis heute sind wir in vielfältiger Lebensnachbarschaft herzlich verbunden. Ihm bleibt das Büchlein gewidmet.

Münster, den 27. September 2005
Albrecht Beutel

I. »DU SOLLST DIR KEIN BILDNIS MACHEN ...«

1. Die Wirkung

Martin Luther – man kennt ihn. Noch aus der bescheidensten historischen Elementarbildung ist sein Name nicht wegzudenken. Und wirklich: Es dürfte kaum einen Menschen geben, der das Gesicht der Welt stärker verändert und das letzte halbe Jahrtausend wirkmächtiger geprägt hätte als er. Martin Luther, der Name und die Gestalt: Sie sind, kein Zweifel, historisches Urgestein.

Dabei ist die Zahl derer, die sich durch die Lektüre seiner Texte begründete Kenntnis erworben und so auch ein eigenes, inneres Verhältnis zu ihm gewonnen haben, beständig im Schwinden. Längst ist ja das Geschichtsereignis Luther durch die Wirkungsgeschichte, die es, ungewollt und ungeahnt, ausgelöst hat, überdeckt worden.

Martin Luther – man kennt ihn, gewiss. Doch man kennt ihn, mehr denn je, aus den Bildern, die frühere Epochen sich von ihm gemacht haben und die nicht selten zu Zerrbildern missraten oder zu Klischees erstarrt sind. Sich ein paar der geläufigsten Luther-Bilder erinnernd vor Augen zu führen, mag denn auch dazu förderlich sein, die Fixierungen zu lösen, die aus ihnen erwachsen sind und die eine wirkliche Begegnung mit Luther, seinem Leben und Werk, erschweren, wenn nicht verwehren.

Die harmloseste, aber einst vielleicht populärste Fixierung mag den Anfang machen: das *genrehafte Luther-Bild*. Schon zu Lebzeiten ist Luther zum Inbegriff des Hirten und Hausvaters, seine Käthe entsprechend zum Urbild der evangelischen Pfarrfrau verklärt worden. Die fromme Einfalt späterer Generationen hat das Bild beständig fortentwickelt: der Reformator als Kraftquell für das deutsche Gemüt. Seinen Höhepunkt findet der so stilisierte, »gemütliche« Luther im 19. Jahrhundert. Stellvertretend für diese gefühlige Lutherverehrung, deren frömmigkeitsprägende Breitenwirkung nicht leicht zu überschätzen ist, sei nur an die plüschigen Genrebilder erinnert: Luther, der evangelische Urvater, eingebettet in den Schoß der Familie, auf der Laute die eigenen Lieder begleitend und dabei – ganz unhistorisch! – durch einen bunten Weihnachtsbaum (»Vom Himmel hoch, da komm ich her ...«) sentimentalisiert.

Von allen Bildern ist das genrehafte Luther-Bild wohl am gründlichsten vergangen, nicht nur wegen der kitschigen Blüten, die es zuletzt getrieben hat, sondern auch überhaupt des Misstrauens wegen, das in den letzten Jahrzehnten gegen alles Innerliche und Gemüthafte erwachsen ist. Doch mit den in der Tat gründlich überlebten Luther-Idyllen hat man zumeist auch das Wahrheitsmoment, das in ihnen steckte, ganz unbedacht preisgegeben. Symptomatisch ist dafür schon die Geschichte des Wortes »Gemüt«: Was ursprünglich »die Einheit unseres Inneren« überhaupt, also neben Seele und Herz auch das Denken, Verstand und Vernunft, bezeichnete, hat sich zunehmend auf den Begriff des Empfindens, genauerhin des »mehr leidenden als thätigen«

Empfindens verengt.[1] Immerhin hat Luther, die Person und ihr Werk, einer stattlichen Reihe von Generationen zu einer fortwährend erneuerten »Recreation des Gemüths« verholfen. Weit entfernt von der anämischen Empfindsamkeit späterer Auswüchse, war er die zentrale Identifikationsfigur des deutschen Protestantismus. Es lohnte einmal zu fragen, was sich verändert hat, vielleicht gar verloren ging, seit Luther, einst wesentlicher Pfeiler protestantischer Frömmigkeit, sich aus dieser verabschiedet hat.

Auch das *aufklärerische Luther-Bild*[2] hat wirkungsgeschichtlich eine große Rolle gespielt. Hier galt Luther als Bannerträger der Neuzeit, der, als der Entdecker der Freiheit des Individuums (»Hier stehe *ich, ich* kann nicht anders ...«), den Weg aus dem vermeintlich finsteren Mittelalter in das Licht einer der Vernunft gemäßen Autonomie, aus selbstverschuldeter Unmündigkeit in selbst bestimmte Freiheit gebahnt hat. Als man zu Beginn des 20. Jahrhunderts der verkürzenden Einseitigkeit gewahr wurde, die solcher Zuordnung zugrunde liegt, richtete sich das Augenmerk, vornehmlich inauguriert durch Ernst Troeltsch, vor allem auf die starke Traditionsgebundenheit Luthers, seiner Denkweise und seiner Probleme, die ihn weithin als Kind des Spätmittelalters erscheinen ließ. Der Streit, ob Luther dem Mittelalter oder der Neuzeit zuzurechnen sei, konnte nie entschieden werden, weil er als Alternative ausgab, was doch in einer hochdifferenzierten Verbindung untrennbar zusammengehört. Im Grunde ist die Formel Conrad Ferdinand Meyers, wonach »in seiner Seele kämpft, was wird und war, ein keuchend hart verschlungen Ringerpaar«, noch immer nicht überholt: »Sein Geist ist zweier Zeiten Schlachtgebiet«.[3]

Man darf freilich nicht übersehen, dass die Frage der Epochenzuordnung das Spezifische an Luther gerade verfehlt: Seine theologischen und kirchlichen Grundanliegen, auch übrigens seine Sprachkraft, lassen sich aus keiner der zwei Epochen, auf deren Schwelle er stand, hinreichend ableiten. Luthers Denken, dem Geist des Mittelalters und dem Geist der Neuzeit im Entscheidenden gleichermaßen fremd, wird so zu einem paradigmatischen Anschauungsfeld für die Kontingenz der Geschichte.

Immerhin lässt Luthers Ruf nach der Freiheit eines Christenmenschen auch ein wesentliches Moment der Neuzeit anklingen. Nur ist gegen die Verführungskraft des aufklärerischen Luther-Bildes nachhaltig zu betonen, dass Luthers Eintreten für die Freiheit nicht sozial-emanzipatorisch, sondern theologisch gemeint war: Nicht eine allgemein menschliche, sondern die christliche Freiheit hat er im Blick. Die Freiheit, die Luther meint, ist die Freiheit des Gewissens, das sich in Gott gebunden und *darum* den Zumutungen anderer Mächte enthoben weiß. So bleibt Luthers Gewissensverständnis von der egalitären Toleranz neuzeitlicher Religionsfreiheit fundamental geschieden. Die Toleranz, die sein Gewissensbegriff allerdings kennt, besteht vielmehr darin, dass ein in Gott gebundenes und darum freies Gewissen die Verblendungen anderer, irrender Gewissen samt deren praktischen Folgen nicht mit Gewalt bekämpft, sondern nur mit Worten bestreitet, im Übrigen aber »toleriert« im alten Sinne des Wortes – nämlich erduldet und erleidet.

Abb. 1: Hans Holbein d. J.: Luther als Hercules Germanicus; 1522.

Nicht ganz so alt, dafür um so verheerender in seiner reduktionistischen Verzerrung ist das *nationale Luther-Bild:* der Reformator als Urbild des Deutschen schlechthin. Wenn auch die Verehrung Luthers als eines Volksheiligen im 16. und 17. Jahrhundert einiges vorbereitet hat, wird er doch erst im 18. Jahrhundert zu einem nationalen Idol stilisiert, erst recht aber anlässlich der großen Jubiläumsfeiern des 19. und beginnenden 20. Jahrhunderts (v. a. 1817, 1883, 1917) bis hin zu jenem verhängnisvollen Jahr 1933, das neben der Machtergreifung der Nationalsozialisten auch den 450. Geburtstag Luthers brachte. Bis 1945 hat man Luther in der Genealogie des deutschen Geistes ganz unbefangen als großen Ahnherrn gefeiert. In gewisser Weise begegnet dies auch noch heute, wenngleich unter umgekehrtem Vorzeichen: Nicht selten glaubt man nun, Luther als Ahnherrn der deutschen Katastrophe haftbar machen zu können – als Ursprung einer direkten Linie, die über Friedrich den Großen und Bismarck zu Hitler führt. Dass die Nationalsozialisten so viele antijüdische Invektiven Luthers zitieren konnten, ist – auch wenn der Umgang mit den Quellen dabei oft jede historische Sorgfalt vermissen ließ – ein tief deprimierender Aspekt seiner Wirkungsgeschichte. Demgegenüber nimmt sich die Inanspruchnahme Luthers durch den vaterländischen Biedersinn des 19. Jahrhunderts vergleichsweise harmlos aus.

Dass Luther in der Tat eine Schlüsselfigur deutscher Geschichte darstellt, ist kaum zu bestreiten. Auch er selbst hat aus dem innigen Verhältnis, das ihn mit »seinen lieben Deutschen« – so der Titel einer Warnschrift von 1531[4] – verband, nie einen Hehl gemacht. Allzu oft hat man indes übersehen, dass seine die Nation betreffenden Äußerungen selbstverständlich noch ganz frei sind von jedem deutschtümelnden Beigeschmack späterer Zeiten. Wenn es ums »Vaterland« ging, pflegte Luther ohnehin nicht an Deutschland, sondern an die Grafschaft Mansfeld zu denken. Was seine Verbundenheit mit den Deutschen angeht, so war diese vor allem religiös motiviert: Hier sei das Evangelium, das im römischen (!) Papsttum unter allerhand menschlichen Verklausulierungen versteckt lag, wieder quellfrisch zur Geltung gekommen. Entsprechend galt ihm die deutsche Sprache als das von Gott erwählte Instrument des reinen Evangeliums, das er selbst denn auch nach allen Regeln der Kunst zu bedienen wusste. Stets war Luthers Liebe zu den Deutschen von der Sorge begleitet, sie könnten ihre Stunde versäumen und so eine Chance verspielen, die, dessen war er gewiss, sich nicht wiederholen würde. In diesem Sinn verglich er das Wort Gottes einem »fahrenden Platzregen«, »der nicht wieder kommt, wo er einmal gewesen ist«. Sollte man diese Gelegenheit ungenutzt verstreichen lassen, so werde »ein solcher Jammer, Trübsal und Plage über Deutschland kommen, dass man sagen wird: hier hat Deutschland gestanden«.[5]

Stärker noch als das nationale ist das *politische Luther-Bild* bis heute prägend geblieben. Die Titulierung als »Fürstenknecht« ist nur eine drastische Version jenes allgemeinen Vorwurfs, Luther habe es zeitlebens mit den Mächtigen gehalten und ihren absolutistischen Herrschaftsanspruch gar noch durch eine theologische Legitimationstheorie untermauert. Luthers Zweireichelehre, viel geschmäht und nicht immer verstanden, wird oft als die theologische Kapitulation vor der ganz unkritisch bejahten Eigengesetzlichkeit der Welt gedeutet, die auf jede gesellschaftliche Verantwortung der christlichen Religion verzichte und so die Ausbildung der als typisch deutsch verstandenen Untertanenmentalität entscheidend mit ermöglicht habe. Als Beispiele pflegt man vor allem Luthers scheinbares Versagen im Bauernkrieg anzuführen sowie – als äußerste wirkungsgeschichtliche Konsequenz – das (partielle) Versagen des Luthertums gegenüber dem Nationalsozialismus.

Luther selbst wollte mit der Unterscheidung der zwei Reiche weder für die Herren dieser Welt Partei ergreifen noch der christlichen Weltverantwortung zum Rückzug in die Innerlichkeit blasen. Ihm lag vor allem am sachgemäßen Vollzug eines trennscharfen Unterscheidens. Denn selbstverständlich galt ihm Gott als Herr in beiden Reichen. Nur die Herrschaftsweise Gottes sah er unterschieden: Im Reich der Welt – also in Politik und Rechtswesen, in Wirtschaft und Gesellschaft – wirke Gott nicht wie im Reich Christi – also in der geistlich verstandenen Kirche – allein durch die Kraft des Wortes, sondern durch äußere, politisch institutionalisierte Machtmittel, auch übrigens, was gern übersehen wird, durch die Vernunft. Gerade die aus Luthers Unterscheidung der beiden Herrschaftsweisen Gottes sich ergebende, unerhörte Hochschätzung der pragmatischen Vernunft sollte man nicht als einen Rückzug ins religiöse Ghetto missdeuten. Ist sie doch umgekehrt ein Ausdruck dessen, dass es dem Willen Gottes gemäßer ist, mit der Vernunft

Politik zu machen als mit dem Evangelium. Die ganz anders operierenden Versuche, selbst hochdifferenziert politische Mechanismen aus dem Wort Gottes abzuleiten, etwa – wie Karl Barth – die rechtsstaatliche Gewaltenteilung aus dem trinitarischen Gottesgedanken, würde Luther wohl schlicht als eine theologische Geschmacklosigkeit abgetan haben.

Gegenüber der theologischen Propagierung politischer Positionen war Luther äußerst spröde. Ihm kam es vor allem auf die – ungleich anspruchsvollere – Fertigkeit an, in den unterschiedlichsten Konkretionen zwischen den beiden Herrschaftsweisen Gottes sachgemäß unterscheiden zu können. Von dieser Unterscheidung, was Sache Gottes und was des Menschen Sache ist, den rechten Gebrauch zu machen, darin war Luther zeitlebens von einer geradezu schlafwandlerischen Sicherheit. So dass er, je nach Situation, selbst zu extrem gegenläufigen Aussagen sich ermächtigt sah. Wer dies als einen logischen Widerspruch und als Ausdruck eines sprunghaften Geistes beklagen wollte, hätte damit die situationsbezogene Unterscheidungslehre Luthers auf eine ganz abstrakte, eindimensionale Theorie reduziert.

Dabei von Zweireichelehre zu reden – ein erst im 20. Jahrhundert geprägter Begriff – ist insofern missverständlich, als es die Konstruktion eines materialen Lehrgebäudes suggerieren könnte. Stattdessen geht es Luther vor allem um eine theologische Unterscheidungslehre und also um die Anleitung zu theologischer Urteilskraft. Dies letztere betreffend, wird man ihn – wie immer man im Übrigen zu seinen Entscheidungen stehen mag – den meisten seiner Kritiker überlegen finden.

Auch das *konfessionelle Luther-Bild* hat sich bis heute erhalten. Freilich ist gerade hier eine erstaunliche Wandlung eingetreten: Galt Luther früher als Symbol der Kirchentrennung und, je nach Standpunkt, als häretischer Erzketzer oder evangelische Lichtgestalt, so haben sich die konfessionellen Härten inzwischen weithin gemildert. Für den Protestantismus ist Luther zunächst richtungsweisend geblieben, auch dann noch, als die innerprotestantischen Konfessionsgrenzen zurückzutreten begannen. Im Zuge der allgemeinen religiösen Verflachung verlor dann aber Luther immer mehr an theologischer Kontur. Erst dieses Zurücktreten seines spezifisch religiösen Problemhorizonts hat es in gewisser Weise ermöglicht, die Autorität seiner Gestalt anders – etwa national oder politisch – zu besetzen. Die Luther-Renaissance des frühen 20. Jahrhunderts ist weithin auf den Bereich der Luther-Forschung beschränkt geblieben. So gewichtig hier die Erkenntnisfortschritte gewesen sind, so wenig vermochten sie doch auf das allgemeine Bewusstsein auszustrahlen. Auch die mit unerhörtem Aufwand inszenierten Luther-Gedenkjahre 1983 und 1996 haben daran nichts Wesentliches geändert. So ist im Protestantismus der allgemeine Eindruck geblieben, Luther gehöre einer fremden, überlebten Welt an, sein theologisches Denken sei veraltet und für die heutigen Probleme längst ohne innovatorische Kraft.

Dagegen lässt sich im Katholizismus eine bemerkenswerte Wandlung ausmachen. Die Zeiten schärfster Polemik, in denen Luther als Abtrünniger, als Zerstörer der Einheit von Kirche und Abendland verketzert wurde, sind schon lange dahin, auch wenn sie im Kulturkampf noch einmal belebt worden sind. Bereits vor Jahrzehnten fand sich die katholische Lutherforschung zu einer schonungslosen Kritik der kirchlichen Missstände bereit, die Luther einst zur Ausbildung seines eigenen theologischen Denkens herausgefordert hatten. Nur hatte man damals die Situation durch die These entschärft, dass Luther sich gegen einen Katholizismus gewandt habe, der eigentlich längst nicht mehr katholisch war. Inzwischen ist es über Luther jedoch zu einem erfrischend offenen konfessionellen Dialog gekommen, der mitunter den Eindruck entstehen lässt, Ernst und Eifer des Lutherstudiums seien heute auf katholischer Seite vielleicht noch größer. Immerhin ist die Situation nicht frei von konfessionellen Domestizierungsversuchen – etwa dem Versuch, Luther unter dem Titel »Vater im Glauben« zu rekatholisieren –, so dass es nach wie vor geboten erscheint, gegenüber neuen Luther-Bildern wachsam zu bleiben.

Überhaupt ist ja noch immer nicht ausgemacht, ob die so irenisch gestimmte ökumenische Verständigung die fundamentalen Sachdifferenzen, die mit Luther aufgebrochen sind, am Ende gar nicht überwunden, sondern nur verwischt hat. Demgegenüber war für Luther die Christenheit trotz aller Zwistigkeiten wesenhaft *eine*, wie er sich denn auch nicht als einen protestantischen, sondern als christlichen Theologen verstand. Die entscheidende kirchliche Differenz sah er nicht eigentlich zwischen den Konfessionen verlaufen, so sehr er hier auch gekämpft und gelitten hat, sondern zwischen der äußeren, jedermann sichtbar vor Augen liegenden Kirche und dem wahren, inneren Glauben, der in den Herzen der Menschen verborgen ist und darum allein von Gott erkannt werden kann.

Schließlich kommt heute auch dem *ästhetisierenden Luther-Bild* eine erhebliche Bedeutung zu. Je mehr der religiöse Gehalt von Luthers Lebenswerk vergessen worden ist, desto unbefangener rühmt man dessen sprachliche Gestalt: Luther der Schriftsteller, der grandiose Stilist und Rhetoriker, der über eine außerordentlich reiche Palette sprachlicher Register verfügte, vom grobianischen Gepolter bis hin zu zartester, seelenweicher Verhaltenheit. Schon Nietzsche hatte Luther in dieser Hinsicht vorbehaltlos bewundert und etwa dessen Deutsche Bibel »bisher das beste deutsche Buch« genannt, gegen das gehalten alles übrige nur »Literatur« sei.[6] Wie übrigens das einschränkende »bisher« zu verstehen sei, erläuterte er seinem Freund Rohde: »Ich bilde mir ein, mit diesem Zarathustra die deutsche Sprache zu ihrer Vollendung gebracht zu haben. Es war, nach Luther und Goethe, noch ein dritter Schritt zu thun«.[7] Inzwischen hat sich längst ein sehr respektabler Zweig germanistischer Lutherforschung ausgebildet, der der Sprache Luthers die wissenschaftliche Aufmerksamkeit zukommen lässt, die sie verdient und die ihr seitens der Theologie allzu oft versagt worden ist.

Luther selbst war sich der Qualität und Schönheit seiner Sprache, zumal in der Bibelübersetzung, wohl bewusst. Und doch findet sich bei ihm keine Spur ästhetisierender Selbstüberhebung. Galt ihm doch, worin er sich mit Aristoteles einig wusste, die sprachliche Kompetenz stets als Indiz einer sachlichen Kompetenz: »Wer sich auf etwas versteht, der versteht davon auch zu reden. Denn die Beredsamkeit ist mit der Weisheit verbunden. Gott, der die Weisheit gibt, gibt auch das Wort, damit wir davon reden können«.[8] Es ist, als habe Luther den postumen Verehrern seiner Sprache, die sich über deren Gewalt schwärmerisch auslassen und ihren Gehalt übergehen, diesen Satz ins Stammbuch schreiben wollen.

Das mag als ein nicht erschöpfender, aber repräsentativer Rundgang durch die Galerie fixierender Luther-Bilder genügen. Die ungeheure Vielschichtigkeit Luthers – seiner Person, seiner Sprache, seiner Theologie – hat für die enorme Bandbreite dieser Fixierungen sicher als ein wesentlicher Ermöglichungsgrund zu gelten. Alle genannten Luther-Bilder enthalten denn auch ein unbestreitbares Wahrheitsmoment, das sich aus Luthers Schriften jeweils vielfältig belegen ließe. Und doch sind diese Bilder darin gefährlich, dass sie Teile für das Ganze ausgeben und sich mit der Verabsolutierung einer Halbwahrheit in der trügerischen Sicherheit wiegen, den Schlüssel zu Person und Werk Martin Luthers gefunden und so auch seine historische Bedeutung auf den Begriff gebracht zu haben. Eine wirkliche Begegnung mit Luther wird dadurch gerade verhindert.

Demgegenüber ist es für einen lebendigen Zugang ganz unentbehrlich, sich durch alle wirkungsgeschichtlichen Fixierungen hindurch den Weg zu Luther selbst zu bahnen. Was selbstverständlich nicht naiv gemeint ist, als könnte es eine un- oder übergeschichtliche Objektivität geschichtlichen Verstehens geben, sondern so, dass die Begegnung mit Luther zu einer wirklichen »Horizontverschmelzung« (Ga-

1. Die Wirkung 21

damer) führen kann. Eben dafür aber ist es nötig, sich um Luthers eigenen, historischen Horizont zu bemühen, anstatt sich mit irgendeiner wirkungsgeschichtlichen Fixierung zufrieden zu geben.

2. Das Werk

Für eine wirkliche Begegnung mit Luther sind die äußeren Voraussetzungen denkbar günstig. Über keine Gestalt des 16. Jahrhunderts sind wir detaillierter und ausführlicher unterrichtet als über ihn: durch einen extensiven Briefwechsel, durch zahllose Spiegelungen in Berichten, Briefen und Reaktionen seiner Zeitgenossen, vor allem aber durch ein außerordentlich umfangreiches schriftliches Œuvre. Über einhundert zumeist dickleibige Bände umfasst die Kritische Gesamtausgabe (»Weimarer Ausgabe«), die inzwischen – bis auf das noch unabgeschlossene Sachregister – vollständig vorliegt. Daneben steht eine ganze Reihe ordentlicher Studien- und Leseausgaben zur Verfügung.

Sieht man einmal von Luthers Deutscher Bibel ab, so besteht seine literarische Hinterlassenschaft fast ausschließlich aus Gelegenheitsschriften. Durch konkrete Anlässe herausgefordert, sind sie zumeist unter großem Zeitdruck entstanden, was sich mitunter in einer dispositionellen Nachlässigkeit, mitunter auch in einer gewissen, von Luther selbst beklagten Weitschweifigkeit niederschlug. Niemals hat er die Muße gefunden, von sich aus ein Werk zu konzipieren und zu gestalten. Gibt es darum auch keine einzelne

Schrift, die als der Schlüssel zum Ganzen gelten könnte, so liegt doch allen seinen Äußerungen eine deutliche, wenngleich mit den Jahren sich modifizierende Gesamtkonzeption zugrunde: Luther war, kein Zweifel, ein systematischer Denker von Rang.

In Luthers Œuvre lassen sich verschiedene Gattungen unterscheiden, wenn auch nur grobkörnig und bei fließenden Grenzen. Die wichtigste Gruppe stellen dabei die *Schriften zur Bibelauslegung* dar: Niederschlag seines eigentlichen Berufs. Als Inhaber einer theologischen Professur an der Universität Wittenberg hat er von 1512 bis zu seinem Tod 1546 exegetische Vorlesungen gehalten, die zum Teil in Luthers Manuskript, vor allem aber in Nachschriften überliefert sind. Daneben stehen selbständige Schriften zur Bibelauslegung, teils eher lehrhaft, teils – wie die Auslegung des »Magnificat« von 1521 – eher meditativ akzentuiert.

Unter den *Lehrschriften* ist zunächst die große Zahl an Sermonen zu nennen, die, manchmal aus Predigten erwachsen, über kirchlich-theologische Fragen ganz allgemeiner Art handeln. Aber auch zu anderen Themen hat Luther sich lehrhaft geäußert, so im »Sendbrief vom Dolmetschen« (1530) oder in einer lateinischen Schrift über die Mönchsgelübde (1521). Gelegentlich haben sich seine theologischen Einsichten gar bekenntnisartig verdichtet, wofür die beiden Katechismen (1529), der Kleine und der Große, aber auch die »Schmalkaldischen Artikel« (1537) die prominentesten Beispiele abgeben. Seinem Temperament entsprechend, brachte er zudem eine stattliche Zahl an *Streitschriften* hervor, die, auch wenn sie sich gegen Personen oder Gruppen richten, letztlich doch immer auf die in ihnen repräsentierten Sachverhalte abzielen. Davon sind die Gruppen der Türkenschriften und Judenschriften besonders zu erwähnen. Des weiteren hat Luther eine Reihe von *Programmschriften* verfasst, die dem evangelischen Verständnis des Gottesdienstes, aber auch anderen Fragen der christlichen Lebensgestaltung gelten, etwa der »Freiheit eines Christenmenschen« (1520) oder der Bildungsverantwortung der »Ratsherren aller Städte deutschen Lands« (1524); die drei Schriften zum Bauernkrieg (1525) zählen ebenfalls dazu. Für die Ausbildung einer protestantischen Frömmigkeitskultur waren vor allem Luthers *Trostschriften* von Bedeutung: eindrückliche Beispiele zumeist für die warme, einfühlsame Art seiner praktischen Seelsorge, die sich der leiblichen und seelischen Krankheiten oder der Angst vor Sterben und Tod annehmen, aber etwa auch »Ein Trost den Weibern, welchen es ungerade gegangen ist beim Kindergebären« (1542), sein konnte. Ganz anderer Art ist die Gruppe der von Luther erstellten *Disputationsthesen*, in denen ihm – meist aus akademischem Anlass – immer wieder ungeheure Verdichtungen komplexer theologisch-philosophischer Zusammenhänge gelungen sind, etwa in den 40 Thesen »Über den Menschen« von 1536. Hinzu treten schließlich eine Reihe weiterer literarischer Formen wie *Lied- und Prosadichtungen, Editionen, Gutachten* über theologische, politische und akademische Fragen oder auch – für die Entwicklungsgeschichte seines Denkens oft hoch bedeutsam – *Randbemerkungen* in Büchern, die er gelesen hat.

Von Luthers außerordentlich umfangreichem *Briefwechsel* hat sich das meiste – etwa 4300 Episteln – erhalten. Neben ganz persönlichen Briefen an die Familie steht ein ungemein breit gestreuter Austausch mit Freunden, Kollegen, Ratsherren, Obrigkeiten, Bischöfen und Päpsten. Daneben sind über 2000 *Predigten* auf uns gekommen, freilich nur selten von ihm selbst niedergeschrieben oder autorisiert; meist sind sie in Gestalt abbreviaturhafter, nicht selten in lateinisch-deutscher Mischform abgefasster Nachschriften erhalten, noch dazu von recht unterschiedlicher überlieferungstechnischer Qualität. Als eigene Gattung ist Luthers *Bibelübersetzung* zu würdigen: Nachdem das Neue Testament zuerst 1521, die ganze Bibel zuerst 1534 übersetzt vorlagen, hat Luther bis zu seinem Tod daran revidierend weitergearbeitet. Von den Sitzungen verschiedener Revisionskommissionen, zu denen Luther eine Reihe von Fachleuten einberufen hat, blieben einige höchst instruktive Sitzungsprotokolle erhalten. Was schließlich die *Tischreden* angeht, so sind diese als Quellen nur eingeschränkt brauchbar: Studenten haben, zumal seit den 1530er Jahren, Luthers Äußerungen bei Tisch protokolliert. Die Themenvielfalt entspricht dabei der bunten Reihe von Besuchern, die in Luthers gastfreiem Haus ein- und ausgingen. Doch hat Luther diese Niederschriften weder durchgesehen noch autorisiert.

II. LEHRJAHRE (1483–1512)

1. Kindheit und Jugend

Als Luther am 18. Februar 1546 in Eisleben stirbt, schließt sich ein merkwürdiger Kreis. Denn hier, in dem 4000 Einwohner zählenden Städtchen am Ostrand des Harzes, dem Hauptort der Grafschaft Mansfeld, hat 63 Jahre zuvor sein Leben begonnen. Beide Male sind es nur episodische Umstände, die dorthin führen: am Ende ein Streit der Mansfelder Grafen, die den weltberühmten Theologen um politische Vermittlung und menschliche Versöhnung bitten. Trotz des harten Winters und großer gesundheitlicher Beschwerden setzt Luther dafür seine letzten Kräfte ein. Nach drei Wochen, kaum dass die Verhandlungen zu gutem Ende gebracht sind, ereilt ihn der Tod. Und am Anfang ist es nur das Zwischenspiel weniger Monate, bevor sich die Familie endgültig in der nahen Ortschaft Mansfeld niederlässt.

Luthers Leben verläuft, von außen betrachtet, in schlichten, stetigen Bahnen: Von wenigen Ausnahmen abgesehen, spielt es im thüringisch-sächsischen Raum, zumeist in Wittenberg, der ernestinischen Residenzstadt an der Elbe, und seiner nächsten Umgebung. Nur wenige Reisen haben ihn über diesen engen Lebenskreis hinausgeführt: in Sachen des Ordens – so nach Rom (1510/11), Köln (1512) und Heidelberg (1518) –, später der reformatorischen Konsensför-

Abb. 2: Luthers Geburtshaus in Eisleben um 1835. Lithographie von Otto Warmholz zwischen 1830 / 1840.

derung – so nach Marburg (1529) –, zudem in eigener Sache – so nach Augsburg (1518) und Worms (1521). Und auch in beruflicher Hinsicht ist Luther von erstaunlicher Beständigkeit. Seit seinem Gang ins Kloster ist er bis zuletzt ein Mann des Wortes geblieben: studierend und lehrend, hörend und predigend, lesend und schreibend – Professor, Prediger und Publizist.

Der weltgeschichtliche, künstlerische und kulturelle Horizont von Luthers ersten Jahren war in dramatischem Umbruch begriffen. Stellvertretend stehen dafür die Namen der beiden Kaiser Maximilian I. und Karl V., der Päpste Leo X. (V. Laterankonzil), Clemens VII. und Paul III. (Konzil von Trient), ferner der Könige von Frankreich (Franz I.) und England (Heinrich VIII.), desgleichen auch die Namen von

Künstlern und Wissenschaftlern wie Raffael, Michelangelo, Dürer, Kopernikus oder Paracelsus. Doch darf man sich, Luther betreffend, davon nicht täuschen lassen: Seine Kindheit und Jugend ist vom Geist des Humanismus und der Renaissance noch kaum berührt. Auf den durchaus provinziellen Umkreis seiner Heimat beschränkt, wächst er heran wie hundert und tausend Knaben neben ihm: als ein typisches Kind des Spätmittelalters.

Am 10. November 1483 kam Luther, wohl als Ältester von mindestens sechs Kindern, zur Welt und wurde einen Tag später auf den Namen des Tagesheiligen Martin getauft. Sein Vater Hans Luder – die Änderung des Familiennamens geht auf Martin zurück – entstammte einer Bauernfamilie aus Möhra, einem Dorf am Westrand des Thüringer Waldes. Den väterlichen Erbzinshof musste dieser dem jüngsten Bruder überlassen. So suchte er sein Fortkommen in einem der modernsten Wirtschaftszweige: dem mansfeldischen Kupferbergbau. Durch lebenslangen Fleiß und Sparsamkeit hat er sich hier vom einfachen Häuer bis zum Pächter und Hüttenmeister emporgearbeitet. Das finanzielle Risiko, das er zunächst eingehen musste – denn die Pacht eines Hüttenfeuers brachte einen erheblichen Investitionsbedarf mit sich –, zahlte sich aus. Bei seinem Tod 1530 konnte er den Erben ein Vermögen von 1250 Gulden hinterlassen, was immerhin dem Gegenwert zweier Bauernhöfe entsprach. Dass Hans Luder zweimal als einer der »Vierherren«, der bürgerlichen Repräsentanten gegenüber dem Magistrat, bestellt worden ist, zeugt von der Achtung, die er unter seinen Mitbürgern augenscheinlich genoss.

Über seine Frau Margarethe, die Mutter Martin Luthers, ist noch weniger bekannt. Jedenfalls stammte sie aus der in Eisenach ansässigen Familie Lindemann. Als Frau eines risikobereiten Kleinunternehmers und vielfache Mutter hat sie ihr Leben lang hart arbeiten müssen. Luther erinnerte sich später, dass die Mutter neben aller Last auch noch im nahen Wald Holz sammeln und heimtragen musste. Er war sich dessen bewusst, dass, wie er sagte, der saure Schweiß der Eltern ihm die Universitätsausbildung erst ermöglicht hat.

So mag die häusliche Atmosphäre vor allem von der fortwährenden Last der Existenzsicherung geprägt gewesen sein. Die Portraits der Eltern, die Lukas Cranach d. Ä. 1527 gefertigt hat, spiegeln in den Gesichtslandschaften die harte Arbeit von Jahrzehnten wider, wenn auch der Blick des Vaters zugleich den Ausdruck kluger Nüchternheit vermittelt, die Mutter dagegen einen gewissen Anflug von Schwerlebigkeit.

Die Erziehungsprinzipien waren streng: Von den Kindern glaubte man strikten Gehorsam erwarten zu dürfen, und die Rute war ein oft gebrauchtes Instrument. In die Erziehung, die Luther selbst genossen hat, geben lediglich zwei Reminiszenzen einen mehr als dürftigen Einblick. So habe ihn die Mutter einmal wegen einer einzigen Nuss bis aufs Blut gestäupt. Und auch der Vater habe ihn einmal überhart bestraft, was eine – offenbar vorübergehende – Entfremdung des Sohnes vom Vater zur Folge hatte. Diese beiden Anekdoten reichen als Grundlage eines Psychogramms bei weitem nicht aus. Der Versuch E. Eriksons, die theologische Entwicklung Luthers tiefenpsychologisch aus einem Vaterkonflikt abzuleiten, hält darum der Kritik nicht stand, wenn er auch in der theologischen Lutherdeutung unzweifelhaft erkenntnisfördernd gewirkt hat. Jedenfalls hat Luther später immer sehr warmherzig von seinen Eltern gesprochen, vom Vater noch dazu mit aufrichtigem Respekt. Besonders eindrücklich lässt sich das aus den mutmaßlich letzten Briefen an Vater und Mutter ersehen; beide Male ist es ein bewegter Trostbrief an die auf den Tod Erkrankten, im Abstand von nur einem Jahr.[9]

Die Religiosität des Elternhauses bewegte sich im normalen kirchlichen Rahmen; für irgendeine extravagante Form der Frömmigkeit fehlt jeder Anhaltspunkt. Wichtiger war zweifellos der bürgerlich-urbane Kontext, in dem Luther aufwuchs: Die Verhältnisse waren in sozialer und gesellschaftlicher Hinsicht durchaus modern. Anders als seine Geschwister, ist Luther der väterlichen Berufswelt jedoch bald entwachsen. Unter den vielen lebenspraktischen Beispielen, die er in seine Schriften und Predigten eingestreut hat, finden sich so gut wie keine Exempel aus dem beruflichen Umfeld des Vaters. Stattdessen hat er gern auf seine bäuerliche Herkunft verwiesen. Bei alledem ist zu bedenken, dass Luther von seinem 14. Lebensjahr an zumeist außerhalb des Elternhauses gelebt hat.

Luthers Schulbildung nahm in der Mansfelder Stadtschule ihren Anfang. Von etwa 1490 bis 1497 hat er in der heimischen Latein- bzw. Trivialschule die drei Grundfächer (das Trivium) erlernt: Grammatik, Rhetorik und Logik. Das Einüben ins Lateinische, die damals internationale Sprache der Gelehrten, gehörte von Anfang an dazu, auch wenn sich der Unterricht zunächst noch nicht darauf beschränkte. Am Ende seiner Schulzeit, noch nicht ganz achtzehnjährig, war Luther imstande, lateinisch zu verstehen, zu reden und – zu denken. Der Stoff der Trivialfächer war, obwohl an der klassischen Antike orientiert, zugleich von kirchlichen und religiösen Elementen durchdrungen. Daneben machte der Musikunterricht mit den liturgischen Formen der Kirche bekannt.

Im Rückblick überwogen bei Luther die kritischen, ja die negativen Töne. Die Grausamkeit und Ungerechtigkeit mancher Lehrer ist ihm besonders in Erinnerung geblieben: Hölle und Fegefeuer, schreibt er 1524, seien die Schulen gewesen, in denen »wir doch nichts denn eitel Nichts gelernt haben durch so viel Stäupen, Angst und Jammer«.[10]

Nach sieben Jahren schickte der Vater ihn nach Magdeburg, wohl eines Freundes wegen, der ebenfalls auf die dortige Domschule wechselte. Luther fand bei den »Brüdern vom gemeinsamen Leben« Quartier, einer modernen, aus den Niederlanden kommenden Frömmigkeitsbewegung. Das mag ihn gegenüber den außergewöhnlichen, von zu Hause nicht gekannten Formen der Spiritualität sensibilisiert haben. Jedenfalls hat ihm eine Begegnung mit Fürst Wilhelm von Anhalt-Zerbst, der, bis auf die Knochen abgemagert, als bettelnder Franziskaner durch die Straßen zog, den größten Eindruck gemacht: »Wer ihn ansah, der schmatzte vor Andacht und musste sich seines weltlichen Standes schämen«.[11]

Bereits ein Jahr später wechselte Luther auf die Pfarrschule St. Georg in Eisenach. Die Nähe der mütterlichen

1. Kindheit und Jugend 31

Verwandten mag dabei eine Rolle gespielt haben. Wie schon in Magdeburg, hat Luther auch hier vor den Häusern gesungen – eine unter Schülern durchaus übliche Form der Bettelei, die die Kosten des eigenen Unterhalts zumindest teilweise abdecken sollte. Die Stadt Eisenach galt damals, wie Eisleben etwa 4000 Einwohner zählend, als ausgesprochenes »Pfaffennest«, das kirchliche Leben war besonders reich und vielgestaltig. Bei zwei angesehenen Patrizierfamilien fand Luther Unterkunft. Die eine, Familie Heinrich Schalbe, war der Mittelpunkt eines engagierten Gönnerkreises für das Franziskanerkloster, wovon selbstverständlich auch Luther berührt worden ist. Die Aufnahme in das Haus Cotta soll vor allem Frau Ursula Cotta, eine geborene Schalbe, veranlasst haben. Der Schüler Martin Luther, heißt es, habe ihr beim Singen, ob nun in der Kirche oder beim Betteln, mütterliche Gefühle erweckt.

Eine herzliche Beziehung ist zu dem um vieles älteren Johannes Braun entstanden, damals Priester und Vikar am Marienstift. Braun scheint einen ganzen Schülerkreis um sich versammelt zu haben, der sich neben religiösen Themen vor allem der Poesie und der Musik widmete – mehrstimmige Motetten sind eingeübt worden – und dabei auch eine fröhliche Geselligkeit pflegte. Noch nach Jahren hat Luther in großer Verehrung und Dankbarkeit seiner gedacht.

Luthers Schule lag an der Südseite der Eisenacher Stadtpfarrkirche St. Georg. Von ihrem Rektor Trebonius wird die hübsche Anekdote berichtet, dass er vor seinen Schülern immer das Barett gezogen habe – aus humorvollem Respekt vor ihren beruflichen Chancen.

So sind nach allem, was man weiß, die ersten achtzehn Lebensjahre ganz normal verlaufen. Nach irgendwelchen Auffälligkeiten und Besonderheiten würde man vergeblich suchen. Aus kleinbürgerlichem Hause stammend, gleichwohl im Bewußtsein des bäuerlichen Ursprungs, ist Martin Luther, der eifrig geförderte älteste Sohn, mit gediegener Bildung versehen, neben den Trivialfächern auch in Musik, klassischer Literatur und – selbstredend – Latein, dazu kontaktfreudig und erfahren in den verschiedenen Spielarten spätmittelalterlicher Religiosität. So steht er, als einer von vielen, an der Schwelle zum erwachsenen Leben.

2. Student der Philosophie

Mit einer feierlichen Messe im Erfurter Dom begann für Luther sein erstes Semester. Im Frühjahr 1501 hatte er an der alten, 1392 gegründeten Universität Erfurt das Studium aufgenommen. Die Stadt zählte damals etwa 20 000 Einwohner und verfügte – ähnlich wie Eisenach, nur in entsprechend größerem Rahmen – über ein reiches kirchliches Leben: 36 Kirchen gab es in der Stadt, und nahezu jeder Orden war mit einem Kloster vertreten. Dass Luther gerade diese Stadt als Studienort wählte, mag vor allem an ihrer Nähe zu Eisenach liegen. Vielleicht hat auch der gute Ruf, den die Erfurter Universität, zumal ihre philosophische Fakultät, genoss, eine Rolle gespielt; sie galt als eine Hochburg des Nominalismus und insofern als modern: Ihre Lehrweise war an der »via moderna« orientiert.

Luther begann sein Studium an der artistischen Fakultät. Dieses philosophische Grundstudium, das auch jeder angehende Theologe, Jurist und Mediziner zu durchlaufen hatte, war auf die sieben freien Künste, die »septem artes liberales«, gerichtet: Grammatik, Logik, Rhetorik, Arithmetik, Musik, Geometrie, Astronomie. Diese Wissenschaften bildeten zugleich die theoretische und kommunikationstechnische Grundlage der übrigen drei Fakultäten. In Erfurt entsprach der Fächerkanon zwar noch dem klassischen Programm, hatte sich aber doch insofern verlagert, als die im Hochmittelalter einsetzende, umfassende Aristotelesrezeption nun die Akzente bestimmte. Entsprechend hat Luther hier vor allem Physik samt Seelenlehre (Psychologie), Moralphilosophie – weithin der Nikomachischen Ethik des Aristoteles folgend –, Metaphysik (Ontologie) und Logik studiert. Hier machte sich die nominalistische (terministische) Prägung besonders deutlich bemerkbar: Die Logik, vor allem als Sprachlogik betrieben, war von der Grundentscheidung bestimmt, die allgemeinen Begriffe nur als Namen (Nominalismus) oder Termini (Terminismus) anzusehen, denen außerhalb des Denkens nichts objektiv Wirkliches entspricht.

Der akademische Unterricht vollzog sich, dem scholastischen Wissenschaftsverständnis gemäß, als interpretierende Lesung der bewährten, vornehmlich aristotelischen Lehrbücher, teils auch in Gestalt gelehrter Disputationen, deren formallogische Regeln den Studenten in Fleisch und Blut übergehen sollten. Luther selbst fand daran großen Gefallen: Zeitlebens hat er die hohe Kunst akademischen Disputierens geübt.

Der philosophische Unterricht wurde damals durch die profilierte Persönlichkeit zweier Lehrer entscheidend geprägt: Jodokus Trutfetter und Bartholomäus Arnoldi von Usingen; sie vertraten einen gemäßigten, vor allem durch Gabriel Biel geprägten Nominalismus. Zu beiden hat Luther offenbar ein gutes Schülerverhältnis unterhalten und sich später stets respektvoll ihrer erinnert, auch wenn sein Versuch, sie nach fünfzehn Jahren, 1518, persönlich von der Sache der Reformation zu überzeugen, misslang. Von beiden Lehrern sind umfangreiche eigene Lehrbücher erhalten. Gleichwohl lassen sich die Bildungseinflüsse, unter denen Luther in Erfurt stand, nur unvollständig rekonstruieren.

Der Humanismus hat dabei keine dominierende Rolle gespielt. In Erfurt regte er sich um 1500 zunächst in einer milden Spielart, die vor allem auf ein eleganteres Latein abzielte und sich insofern noch nicht als Konkurrenz zum alten, scholastischen Lehrbetrieb, erst recht nicht als eine neue Lebensauffassung geltend machte. Immerhin mag der humanistische Geist, der Luther in Erfurt entgegenwehte, sein späteres Abrücken von der scholastischen Tradition erleichtert haben.

Martin Luther hat das philosophische Grundstudium mit Hingabe betrieben und nach vier Jahren, also schnellstmöglich, zu erfolgreichem Abschluss gebracht. Bei der Magisterpromotion im Frühjahr 1505 belegte er unter siebzehn Kandidaten den zweiten Platz.

Als frischgebackener Magister Artium kannte und beherrschte er das wissenschaftliche Handwerk. Besonders das Studium der Rhetorik hat ihn geprägt, was sich nicht nur in seinen lateinischen Schriften und Vorlesungen, vornehmlich zur Bibelauslegung, niederschlug, sondern auch, von der Forschung noch immer unterschätzt, in seinen deutschsprachigen Texten. Dagegen hat er den Unterricht in Dialektik später getadelt: Sie sei, da nur formalistisch vermittelt, ganz abstrakt geblieben, ohne Rücksicht auf Gebrauch und Wirkung und ohne zu den wirklichen Dingen vorzudringen. Dem gelegentlich erhobenen Vorwurf, seinem Argumentieren gebreche es an formaler Eleganz, konnte Luther denn auch selbstbewusst entgegenhalten: »Aber ich habe die Sache!«.[12] Dennoch: Die Erfurter Dialektik hat auch in seinem Fall den Verstand geschärft und das Denken geprägt.

In diese Zeit fällt zugleich die intensive Lektüre der antiken Dichter und Autoren, aus denen er dann zeitlebens, wo es ihm passend erschien, zu zitieren pflegte. Die Kommilitonen staunten über seine Vielseitigkeit; sie nannten ihn – halb respektvoll, halb spöttisch – »den Philosophen«.

Wie schon der schulische Lehrplan, war auch hier das – in seinem Kern antike – Bildungsgut durch und durch christlich geprägt. Auch war der Studienbetrieb in die allgemeine kirchliche Religiosität eingebettet: Die Studenten, durchweg unverheiratet und, selbstredend, nur männlichen Geschlechts, lebten gleichsam im Vorhof des geistlichen Standes, selbst wenn dem philosophischen Grundstudium dann kein weiteres mehr folgte.

Luther wohnte wie allgemein üblich in einer der Erfurter Bursen. Für die gesamte Studiendauer hatte der Vater die Kosten übernommen. Der Tagesablauf in den Bursen unterlag einer strengen, auch gottesdienstlichen Reglementierung, wenngleich die einzelnen Formen des geistlichen Lebens je nach Burse variierten. Hinzu kam die Pflicht zu uniformer Kleidung. Um 4 Uhr begann der Arbeitstag mit einer Andacht, gefolgt von Studien- und (spärlichen) Ruhezeiten sowie den gemeinsamen Mahlzeiten. Ab 20 Uhr herrschte Nachtruhe in den großen Schlafsälen, das Tor war verschlossen. Der Unterricht erfolgte selbstverständlich auf lateinisch, und auch für das Gespräch untereinander war man gehalten, sich dieser Sprache zu befleißigen. Unehrbares Spiel war ebenso verboten wie unmäßiges Trinken und der Kontakt zum andern Geschlecht. Immerhin hatten die Bursen das Recht, selber Bier auszuschenken. Später bemerkte Luther einmal, Erfurt sei ein rechtes Hurhaus und Bierhaus, diese zwei Lektionen hätten die Studenten gelernt.[13] So scheint es, als seien trotz aller Reglementierung gewisse einschlägige Erfahrungen möglich gewesen.

3. Der Gang ins Kloster

Mit dem Erwerb des Magistertitels verband sich die Pflicht einer mindestens zweijährigen Lehrtätigkeit an der philosophischen Fakultät. Daneben konnte man an einer der drei höheren Fakultäten – Theologie, Jurisprudenz, Medizin – ein Studium aufnehmen. So hat Luther im Frühjahr 1505 eine artistische Lehrverpflichtung übernommen und zugleich, dem Wunsch des Vaters entsprechend, mit dem

Studium der Rechte begonnen. Die Bücheranschaffungen, die dafür nötig waren, hat der Vater gern unterstützt.

In der zweiten Semesterhälfte unterbrach Luther das Studium für eine Reise nach Hause. Das war ungewöhnlich. Über die Gründe lässt sich nur spekulieren: Mag sein, dass er dem Vater seine wachsende Unzufriedenheit mit dem neuen Studienfach vortragen wollte. Doch die späteren, kritischen Bemerkungen zur Rechtswissenschaft sind viel zu allgemein, um als autobiographische Indizien einer Krise zu taugen. Vielleicht hat auch der Vater ihn nach Mansfeld gerufen: Der Plan einer ehrbaren und reichen Heirat, den der Vater gehegt hatte,[14] mag dann der Anlass gewesen sein. Jedenfalls aber ist davon auszugehen, dass der Grund dieser Reise nicht einfach beiläufiger Natur war, sondern ihn existentiell berührt hat.

Auf der Rückreise, am 2. Juli 1505, gerät Luther bei Stotternheim, einem unweit Erfurts gelegenen Dorf, in ein heftiges Sommergewitter. Ein Blitz, der unmittelbar neben ihm einschlägt, versetzt ihn in Todesangst. Bei einer vergleichsweise neuen, eben erst in Mode gekommenen Heiligen sucht er Zuflucht: »Hilf du, heilige Anna, ich will ein Mönch werden!«.

Nach wohlbehaltener Rückkehr in seine Erfurter Burse erwägt Luther, ob sein Gelübde bindend sein kann, da ihm doch, abgepresst durch schiere Todesnot, keine reifliche Überlegung vorausgegangen ist. Auch befragt er seine Freunde und Lehrer, die zu unterschiedlichen Lösungen kommen. Schließlich entscheidet er sich für die strenge Auslegung. Am 17. Juli, fünfzehn Tage nach dem Gewitter, geht Luther ins Kloster.

Abb. 3: Luther als Mönch. Lukas Cranach d. Ä., Kupferstich, 1520.

Dieses bemerkenswert lange Moratorium zeigt, dass Luther nicht einem bloßen Affekt folgend, sondern erst nach reiflicher Selbstprüfung Mönch geworden ist. Was letztlich den Ausschlag gab, ist schwer zu entscheiden. Für eine nennenswerte Unzufriedenheit mit dem eben erst aufgenommenen Studium der Rechte fehlt, wie gesagt, jeder Hinweis; die später oft erneuerte Klage über den Zustand der Rechtswissenschaft, der Luther vor allem ihren prinzipienlosen Positivismus zum Vorwurf macht, reicht dafür nicht aus.

Die religiöse Prägung des Studentenlebens wird man nicht unterschätzen dürfen. Die so genannten Letzten Fragen waren ständig präsent, weltliche Zerstreuung dagegen eingeschränkt oder – wie etwa Tanz und Kartenspiel – ganz verboten. Die Todesbedrohtheit menschlichen Lebens war für Luther keine bloß theoretische Erkenntnis, sondern hautnah erlebte Wirklichkeit: Im Jahr seines Klostereintritts hat eine verheerende Pestepidemie auch zwei seiner Brüder dahingerafft. Und wenige Jahre zuvor hatte er sich an dem Degen, der zu seiner Studentenkluft gehörte, an der Schlagader des Oberschenkels lebensgefährlich verletzt. Übrigens hat er dann in der Zeit der Genesung das Lautenspiel erlernt.

Schon damals mag die Angst vor dem göttlichen Gericht hinzugekommen sein: Die theologische Kategorie der Anfechtung, dieser existenzbedrohenden Erfahrung des zornigen Gottes, bildet in der Entwicklung des jungen Luther einen Schlüsselbegriff. »O wenn ich in ein Kloster gehe und ihm diene«, rekonstruiert er später sein Kalkül, »so wird Gott mir lohnen und mich willkommen heißen«.[15]

So wird man Luthers Gang ins Kloster auf dem Hintergrund einer tiefen, existentiellen Krise sehen müssen, deren Lösung er erzwingen sollte und deren dramatischer Ausdruck er doch nur geworden ist. Von einem religiösen Bekehrungserlebnis, etwa nach dem Vorbild des Paulus oder Augustins, ist er deutlich unterschieden. Zwar bedeutete der Klostereintritt unzweifelhaft eine tiefe Zäsur in Luthers Lebensplan und Lebensführung. Aber er lag doch unbeschadet aller Folgenschwere im Bereich der ihm vertrauten, kirchlich approbierten Frömmigkeit.

Am Abend des 16. Juli kommt Luther noch einmal mit seinen Freunden zusammen. Man feiert Abschied. Bis zuletzt versuchen sie, ihn umzustimmen. Dann, nach kurzer Nacht, geben sie ihm auf dem Weg ins Kloster das Geleit. Seine Bücher hat Luther kurz vorher verkauft bis auf zwei, die ihn dorthin begleiten, nämlich – bemerkenswert genug – Vergil und Plautus.

Der alte Hans Luder ist über den unerwarteten und folgenschweren Schritt seines Sohnes empört. Zwar hegt auch er keinen Zweifel daran, dass sich im Gewitter bei Stotternheim eine übernatürliche Macht ins Spiel gebracht hat. Nur dass er dafür nicht den Himmel, sondern den Teufel verantwortlich glaubt: Der habe mit seinem Blendwerk den Sohn zu einem jugendlich-voreiligen Kurzschluss verführt. Man kann den Vater verstehen: seine Erregung zunächst, die sich dann in Bitterkeit versteinert. Lag doch seine ganze Hoffnung auf Martin, dem begabten Ältesten. Der Vater, dem selber jede Schulbildung versagt geblieben war, hatte den Bildungsweg des Sohnes mit Interesse und wachsendem Respekt verfolgt; sein kleinbürgerlicher Vaterstolz gipfelte darin, den Sohn nach dessen glänzend bestandenem Magisterexamen mit »Ihr« anzureden anstelle des altvertrauten »Du«.

Nun aber sah er alle Hoffnungen und Pläne durchkreuzt. Seiner Empörung gab er, was Luther am meisten zu schaffen machte, auch eine religiöse Gestalt: Der Sohn habe mit seinem eigenmächtigen Schritt gegen das vierte Gebot verstoßen, das doch die Kinder gegenüber den Eltern zum Gehorsam verpflichte. Auch mit dem respektvollen »Ihr« war es vorbei: Nun duzte er den Sohn wieder.

Dieser Konflikt hat das Verhältnis von Vater und Sohn auf Jahre hinaus belastet. Auch die Primiz-Feier Luthers im Mai 1507, zu der der Vater, wohl um die ungebrochene Selbstachtung zu dokumentieren, mit stattlichem Gefolge und einem respektablen Geldgeschenk angereist kam, konnte die Spannung nicht lösen. Die Vorrede einer Schrift über die Mönchsgelübde, die Luther 1522, also siebzehn Jahre nach dem Gang ins Kloster, dem Vater widmete, zeigt, dass auch dem Sohn der alte Konflikt fortwährend zu schaffen machte. Erst als Luther 1525 heiratete und sich darin ein alter, mit dem Klostereintritt scheinbar für immer versagter Wunsch des Vaters doch noch erfüllte, hat sich das Verhältnis spürbar entkrampft. Noch einmal fünf Jahre später, im Februar 1530, schreibt Luther seinem auf den Tod erkrankten Vater einen liebevollen Trostbrief, in dem sich kein noch so leiser Nachklang der alten Spannung mehr findet.

In Erfurt waren viele Kongregationen vertreten, sogar drei Bettelklöster gab es in der Stadt. Dass Luther sich für die Augustiner-Eremiten entschied, ist früher damit erklärt worden, dort sei die klösterliche Regel besonders streng gewesen. Dieser Grund erscheint heute zunehmend als fraglich. Eher dürfte das gute Ansehen der Augustiner-Eremiten eine Rolle gespielt haben: Sie waren bekannt für ein intensiv gestaltetes geistliches Leben und für ihr Interesse an wissenschaftlicher Theologie. Allerdings ließ sich Luther bei seiner Wahl wohl kaum von akademischen Neigungen und Hoffnungen leiten: Wer wie er aus eigenen Stücken ins Kloster ging, tat dies nicht um eines Berufes, sondern um des neuen Standes willen!

Mit dem Eintritt ins Kloster hatte Luther seine Lehrtätigkeit an der philosophischen Fakultät aufzugeben. Der Neuankömmling wurde an der Pforte vom Prior empfangen, der zunächst in der Klosterkirche mit ihm betete, um ihm dann eine Generalbeichte abzunehmen. Dies sowie kurz darauf in der Stadt eingezogene Erkundigungen sollten zeigen, ob der noch Unbekannte zu klösterlichem Leben geeignet erschien. War diese Hürde überwunden, so erhielt der neue Mitbruder seine Tonsur und wurde in eine schwarze Kutte gekleidet.

In einem einjährigen Noviziat war Luther gehalten, sich die Regeln und Satzungen des Ordens einzuprägen und sich zugleich in die Praxis des monastischen Lebens einzuüben. Zu diesem Zweck wurde ihm auch eine Bibel ausgehändigt, die er eifrig gelesen hat – es war sein erstes eigenes Exemplar der Heiligen Schrift! Am Ende des Noviziats stand, buchstäblich nach Jahr und Tag, die Profess, in der Luther ein dreifaches Gelübde ablegte: zunächst der Gehorsam zu Gott, Maria und der Ordensregel, daneben die ein Leben lang bindende Verpflichtung zu Armut und Keuschheit. Durch dieses Mönchsgelübde konnte sich Luther in den ursprünglichen Stand der Gnade zurückversetzt glauben. Freilich war solche Gnade nicht zur eigenen Natur geworden: Sie konnte durch einen Verstoß gegen das dreifache Gelübde verloren gehen. Wer es ernst nahm mit sich und Gott, konnte darin eine nie versiegende Quelle religiöser Zermürbung finden und einen fortwährenden Ansporn zu peinlicher Selbstüberprüfung. Andere mochten sich mit der Last ihres Mönchsgelübdes arrangieren – den jungen Luther trieb sie in existentielle Verzweiflung. Daraus, nicht aus humanistisch geschulter Reflexion, erwuchs die reformatorische Theologie.

4. Priester und Professor

Die strenge Lebensweise im Kloster hat Luther keine Not bereitet. Im Gegenteil: Er nahm die Regeln kompromisslos ernst und steigerte noch, was von ihm verlangt war. So hat er – dies nur als symptomatisches Beispiel – an der Übung regelmäßiger Stundengebete über Jahre hinweg festgehalten und sie erst 1520, als er durch hoffnungslose Arbeitsbelastung mit seinen Horen drei Monate im Rückstand war, aufgegeben. Nur fand Luther in der übergenauen Befolgung der Klosterregel keinen Frieden, sondern geriet immer tiefer in seine Prädestinationsangst. Auch eine exzessiv betriebene Beichtpraxis half nicht, sondern steigerte nur seine Not.

So war es kein Wunder, dass Luther in der ersten Messe, die er 1507 als neu geweihter Priester zu halten hatte, im Hochgebet steckenblieb: Der Schrecken des jungen Mannes, der plötzlich seiner selbst als unmittelbar vor Gott stehend gewahr wurde, verschlug ihm die Sprache. Voller Scheu vor dem Heiligen wollte er aus der Liturgie davonlaufen, doch ein Lehrer ermahnte ihn, zu bleiben und die Messe zu Ende zu führen.

In der Figur des Pantokrators, des herrschenden und richtenden Christus, haben sich Luthers Gottesängste symbolisch verdichtet. Die Anfechtungen und Melancholien, die ihm zeitlebens zusetzten, nährten sich in jenen frühen Jahren aus diesem Bild des Weltenrichters.

Und doch hat sich Luther niemals in seine Ängste verloren. Sie waren ihm vielmehr Ansporn zu einem intensiven Studium der Bibel. Anders als im scholastischen Lehrbetrieb las er sie nicht zum Zweck intellektueller Belehrung, sondern zu existentieller Meditation. Selbst den Wittenberger Professoren ist später die phänomenale Bibelkenntnis des jungen Luther aufgefallen. Dass Luther in diesem Buch wie nur irgendwo zu Hause war, ergab denn auch das entscheidende Kriterium seiner Theologie: Was immer er von den Vätern und Lehrern der Kirche las, bezog er auf die Bibel und maß es an ihr.

Noch im Jahr seiner Priesterweihe wurde Luther vom Ordensoberen zum Studium der Theologie bestimmt. Die Erfurter Augustiner-Eremiten hatten innerhalb des Konvents ein Generalstudium, einen Studienbetrieb für Ordensangehörige, installiert. Dessen Leiter hatte als Doktor der Theologie gleichzeitig eine theologische Professur an der Universität wahrzunehmen. Mit der scholastischen Dogmatik wurde Luther vor allem durch die Werke von Gabriel Biel vertraut, ferner von Ockham, Duns Scotus, Petrus von Ailly und Thomas von Aquin. Die entscheidende Bedeutung kam jedoch Augustin zu, den Luther intensiv studierte und der ihm dann zu einem – vor allen Scholastikern bevorzugten – Kronzeugen seiner reformatorischen Erneuerung geworden ist. Daneben kam es auch zu Begegnungen mit der areopagitischen (Dionysios, Gerson), romanischen (Bernhard von Clairvaux) und deutschen Mystik (Tauler) sowie, wenn auch in beschränktem, philologisch akzentuiertem Umfang, mit dem deutschen Humanismus (Reuchlin, Wimpfeling).

Als Generalvikar der deutschen Klöster der Augustiner-Eremiten wirkte damals Johannes von Staupitz. Von seiner Theologie ist, abgesehen von einer deutlichen Prägung durch Augustin, noch wenig bekannt. Immerhin legte er auf die Bibellektüre in den Klöstern großen Wert. Für Luther ist er zu einem wichtigen Helfer und Beichtvater geworden; dessen Furcht vor Strafe und ewiger Verdammnis hat er mit der später auch bei Luther modifiziert begegnenden Unterscheidung zu lindern gesucht, dass Gott nur das Sündhafte am Menschen strafen, die Person des Sünders aber für sich gewinnen wolle. Als Luther sich einmal mit einem fast manischen Drang zur Beichte marterte, hielt ihm Staupitz, auch darin ein Seelsorger von Rang, entgegen, er habe ja überhaupt keine rechtschaffenen Sünden vorzuweisen, sondern nur Humpelwerk und Puppensünden.

Von Herbst 1508 bis Herbst 1509 wurde Luther an die eben gegründete Universität Wittenberg entsandt. Die Erfurter Augustiner-Eremiten nahmen hier ein Lehrdeputat wahr, in dem Luther eine vorübergehende Lücke ausfüllen musste: Als Magister Artium hatte er über Aristoteles' Nikomachische Ethik zu lesen. Nach diesem Wittenberger Interim kehrte Luther wieder in das Erfurter Kloster zurück. Erst im Spätsommer 1511 ist er für immer in die Stadt gezogen, die durch ihn und in der er selbst Geschichte gemacht hat.

Als Luther in Wittenberg eintraf, war die Stadt in einem kräftigen Aufschwung begriffen. Obwohl nur etwas über 2000 Einwohner zählend, hat sie der sächsische Kurfürst Friedrich der Weise neben Torgau zur zweiten askanischen Residenzstadt ausgebaut. Wesentliche Bauakzente waren vor allem die große Schlossanlage (ab 1489) und die stattliche Stiftskirche (ab 1496), in der auch eine alte, von Friedrich eifrig erweiterte Reliquiensammlung Aufstellung fand.

Als eine ganz persönliche Schöpfung gründete Friedrich der Weise 1502 die Wittenberger Universität, zu der das kaiserliche Privileg zwar vorlag, das päpstliche aber erst 1507 nachgereicht wurde. Für diese Gründung diente die Tübinger Universität als Muster, und Staupitz stand dem Kurfürsten als einer von zwei Hauptberatern zur Seite. Georg Spalatin, kursächsischer Hofkaplan und Prinzenerzieher, wurde zum entscheidenden Mittelsmann zwischen Hof und Universität. Wenn dieser zunächst auch andere theologische Vorstellungen hegte, ist es Luther doch ohne Mühe gelungen, ihn für die eigene Auffassung zu gewinnen. Das freundschaftliche Einvernehmen, das sich sogleich zwischen ihnen einstellte, wurde zu einem wesentlichen, die Stürme von Jahrzehnten unbeschadet überdauernden Grundpfeiler der Reformation.

Zwei Wittenberger Bettelorden waren jeweils mit der Wahrnehmung einer theologischen Professur betraut. Für die Augustiner-Eremiten las Johannes von Staupitz, der sich jedoch aus diesem Amt lösen wollte und Luther offenbar gezielt als seinen akademischen Nachfolger aufgebaut hat. Unter seiner geistlichen Obhut absolvierte Luther alle Stufen des theologischen Studiums bis hin zur Promotion, die er in kürzest möglicher Zeit – fünf Jahre musste man mindestens studiert haben – erreichte.

Am 18. und 19. Oktober 1512 ist Luther feierlich zum Doktor der Theologie promoviert worden, übrigens unter Karlstadt, dem nach seinem Heimatort benannten Professor Andreas Bodenstein, dem in der Biographie Luthers noch eine wichtige Rolle zufallen sollte. Die Promotionsgebühren von 50 Gulden hatte der Kurfürst übernommen.

Mit dem Doktortitel war das Recht zu selbständiger Arbeit als Professor verbunden: Wer promoviert war, hatte ein Recht auf eigene Meinung, die er – selbstverständlich im Rahmen der kirchlich festgelegten Lehre – im theologischen Meinungsstreit geltend machen konnte. Luther hat sich denn auch ohne Scheu auf diesen Titel berufen, sobald die Frage seiner Lehrautorität im Raum stand, sei es gegenüber dem päpstlichen Legaten Cajetan, dem Kurfürsten Albrecht von Mainz oder auch dem Papst. Mit der Promotion begann für Luther eine Zeit äußerst intensiver geistiger und geistlicher Arbeit. Zu den akademischen Pflichten kamen die Aufgaben, die ihm das schon vorher übernommene Amt des Subpriors und Leiters des Generalstudiums in Wittenberg einbrachte. Hinzu trat ab 1515 die Arbeit als Distriktsvikar seines Ordens.

Doch vor dieser eigenen theologischen Arbeit liegt eine Episode, die nicht allein biographisches Interesse verdient, sondern in der Person Martin Luthers zugleich die misslingende – darin freilich mitunter recht amüsante – Begegnung zweier Welten anschaulich macht: Luthers Reise nach Rom.

5. Die Reise nach Rom

»Auch ich in Arkadien!«: Dieser Jubelruf des später geborenen Italienfahrers hätte Luther befremdet. In seinem Fall markiert die italienische Reise denn auch keineswegs die entscheidende biographische Zäsur. Viel interessanter als eine Suche nach bleibenden Bildungserlebnissen ist bei Luther die Beobachtung, wie beiläufig und sattelfest er diese für ihn weiteste Auslandsreise bestanden hat. Luthers Romfahrt: Das ist nicht mehr, aber auch nicht weniger als ein Zwischenspiel, das ein paar erhellende Einblicke in die vielleicht wichtigste Phase seiner geistigen Entwicklung gewährt und auch, für nachgeborene Zeugen, eines gewissen humoristischen Untertons nicht gänzlich entbehrt.

Den Anlass der Reise gab ein Streit, der an verwirrend vielen Fronten und mit wechselnden Koalitionen unter den Augustinern geführt wurde und der in seinem Kern der Frage galt, wie streng die alte Ordensregel noch zu beachten sei. Die Erfurter Augustiner-Eremiten hatten ihre Regel schon immer äußerst gewissenhaft befolgt. Nicht von allen deutschen Klöstern der Kongregation ließ sich das sagen. Im Spätsommer 1510 sollte es zur Entscheidung kommen.

Doch die Kompromissformel, mit der Staupitz den Konflikt zu lösen gedachte, missfiel den Erfurter Brüdern. Sie sahen den Bestand ihrer monastischen Ordnung gefährdet und legten darum Protest ein: zunächst, vergeblich, beim Dompropst in Halle, sodann, als ultima ratio, beim General des Ordens in Rom.

Zu diesem Zweck entsandte man einen älteren Ordensmann gen Süden, der mit dem kurialen Geschäftsgang vertraut und wohl auch des Italienischen hinreichend mächtig war. Als Reisebegleiter gab man ihm einen jüngeren Bruder zur Seite: den eben siebenundzwanzigjährigen Martinus Luther. Da dieser weder ein Tagebuch geführt noch einen Reisebericht verfasst hat, stützt sich unsere Kenntnis einzig auf die Reiseeindrücke und -erlebnisse, die er später gelegentlich erzählte. Aus den vielen Bemerkungen, die Luther immer wieder in seine Schriften, Briefe und Predigten einstreute und auch über Tisch gern zum Besten gab, lässt sich ein zwar nicht lückenloses, aber doch recht profiliertes Bild seiner Romfahrt rekonstruieren.

Mitte November, zur ungünstigsten Reisezeit also, brachen sie auf. In strengen Tagesmärschen wanderten die beiden Patres über Nürnberg, Ulm und das Allgäu in Richtung Schweiz. Dabei machte sich bereits in Ulm eine teils befremdende, teils erheiternde Eigenart von Luthers Reisebeschreibung bemerkbar. In grandioser Monotonie hat sich Luther ausschließlich für technische und praktische Aspekte interessiert und alles, was ihm an künstlerisch, architektonisch oder landschaftlich Schönem begegnete, souverän ignoriert. Der einzige Kommentar, den ihm das stolze gotische Münster in Ulm entlockt hat, war der, dass es wegen seiner Größe von schlechter Akustik und darum recht ungeeignet zum Predigen sei.[16]

Über den Septimer führte der Weg nach Mailand. Auch hier keine einzige Reminiszenz an die Schätze der Stadt, nur die ärgerliche Erinnerung, ein Mönch habe ihm die Messe verwehrt. Die winterliche Reise entlang der alten Via Aemilia wurde durch eine heftige Erkältungskrankheit unterbrochen, von der sie sich aber durch den Genuss zweier Granatäpfel – ein Bauer hatte dazu geraten – rasch wieder erholten. Das nasskalte Wetter blieb ihnen freilich erhalten; selbst in Rom soll es in diesem Winter fast ununterbrochen geregnet haben. War darum auch das Wandern beschwerlich, so gab es doch wenigstens mit den Herbergen keine Probleme: Gerade in Oberitalien standen zahlreiche Klöster ihrer Kongregation als Nachtquartier zur Verfügung.

Von Florenz zeigte sich Luther beeindruckt. Wovon er später seinen Wittenbergern schwärmte, waren indes weder Kirchen noch Palazzi noch irgendwelche andere Kunstwerke der Stadt, vielmehr einzig ihre vorzüglich organisierten Findelhäuser und Spitäler. Von Siena an folgten die beiden Patres der großen mittelalterlichen Pilgerstraße, deren Verlauf mit der alten Via Cassia weithin identisch war. Über Buonconvento, Bolsena, Viterbo und Sutri kamen sie Ende Dezember schließlich nach Rom. Beim ersten Blick auf die Ewige Stadt warf sich Luther zu Boden und rief: »Sei mir gegrüßt, du heiliges Rom, geheiligt durch die Märtyrer, von deren Blut du triefst«.[17] Der Wallfahrer war am Ziel.

Über die erinnerungsträchtige Milvische Brücke zogen sie durch die Porta del Popolo in die Stadt. Unmittelbar neben dem Tor, im Augustiner-Eremitenkloster mit seiner Kirche S. Maria del Popolo, fanden sie Wohnung. Von hier aus reichten sie ihr Bittgesuch ein. Und hier durften sie bleiben, bis es beantwortet war. Vier römische Wochen sind daraus geworden.

Vom heraufziehenden Glanz der Renaissance war in Rom noch nicht viel zu sehen. Die große aurelianische Mauer hatte sich zwar erhalten. Aber nur der kleinere Teil des von ihr umgrenzten Gebiets – vor allem Trastevere und die gegenüberliegende Altstadt – war noch bewohnt. Alle anderen Viertel waren mit antiken Ruinen übersät (für die Luther keinerlei archäologisches, höchstens ein religiöses Interesse aufbrachte: sie erinnerten ihn an das Strafgericht Gottes über die gottlosen Heiden), zu Viehweiden und wilden Gärten verkommen oder, wie zum Beispiel das Gebiet um die Thermen des Diokletian, in wildreiches Jagdgebiet verwandelt. Und doch hatten die mittelalterlichen Straßen begonnen, ihr Gesicht zu verändern. Ein paar der Kirchen und Palazzi waren schon im neuen Stil erbaut oder doch, wie Sankt Peter, begonnen, und auch die Via Giulia bestand schon, jene breite und monumental angelegte Renaissancestraße inmitten der Stadt.

Trotz der Einbindung in den klösterlichen Tageslauf sowie des recht unfreundlichen Wetters nahm Luther sich Zeit für die Stadt. Was ihn bewegte, war nicht touristisches, sondern religiöses Interesse. Obwohl die Kurie sich in diesen Wochen außerhalb Roms aufhielt, hatte die Stadt dem frommen Pilger viel zu bieten. Der verbreitete Pilgerführer »Mirabilia urbis Romae« diente dabei als Orientierungshilfe. Auch Luther hat ihn erstanden und sich von ihm leiten lassen.

Interessanterweise sind nun alle Erlebnisse und Erfahrungen, die Luther während dieser vier Wochen zuteil wurden, von einer eigentümlichen und für seinen damaligen Seelenzustand bezeichnenden Ambivalenz durchzogen: Seinem unersättlichen religiösen Eifer tritt immer wieder aufkeimende Skepsis und Enttäuschung entgegen. So hat er sich selbstverständlich der Großen Wallfahrt unterzogen, die den Besuch der sieben römischen Hauptkirchen vorsah – schon das eine enorme körperliche Strapaze, wenn man bedenkt, dass der weite Weg an einem Tag zu Fuß und obendrein fastend zurückzulegen war. Auch die berühmten Reliquien hat er besucht, wenn auch nicht alle zu Gesicht bekommen, desgleichen die zugänglichen Katakomben und andere heilige Stätten. »Wie ein tollgewordener Heiliger« sei er »durch alle Kirchen und Klüfte gerannt«.[18] An einigen Altären konnte man durch eine Messe gar die Gnade erwirken, dass eine arme Seele sogleich aus dem Fegefeuer erlöst und in die himmlische Herrlichkeit aufgenommen wurde. Luther bedauerte nun fast, dass seine Eltern noch lebten; einen solchen Liebesdienst würde er ihnen in Deutschland nirgendwo mehr erweisen können.

Auch die 28 Treppen der Scala Santa, die damals noch an der Nordseite des Lateranpalastes stand, ist er auf Knien hinaufgerutscht, wobei er auf jeder Stufe, nachdem er sie fromm geküsst hatte, ein Vaterunser für seinen Großvater Heine Luder sprach; durch diese Leistung ließ sich ebenfalls eine Seele aus dem Fegefeuer erretten. Doch als er endlich oben angelangt war, dachte er bei sich: »Wer weiß, ob's wahr ist«.[19]

Zu derlei stillen Vorbehalten gesellte sich bald die Enttäuschung über fehlenden religiösen Ernst, den er allenthalben vermisste. Die vielen Skandalgeschichten über Papst

Alexander VI. und die deutschen Kurtisanen in der Kurie schockierten ihn. Schlimmer noch war, dass die priesterlichen Funktionen so nachlässig ausgeübt wurden. »Zu Rom hab' daselbst viel Messe gehalten und auch sehen viel Messe halten, dass mir grauet, wenn ich dran denke. Da hörte ich unter andern, guten Grumpen über Tische Kurtisanen lachen und rühmen, wie etliche Messe hielten und über dem Brot und Wein sprechen diese Worte: Brot bist du, Brot bleibst du, Wein bist du, Wein bleibst du. Nun, ich war ein junger und recht ernster, frommer Mönch, dem solche Worte wehe taten. Und mir ekelte sehr daneben, dass sie so sicher und fein rips raps konnten Messe halten, als trieben sie ein Gaukelspiel. Denn ehe ich zum Evangelium kam, hatte mein Nebenpfaff seine Messe ausgerichtet und schrien mir zu: Passa, passa, immer weg, komm davon«.[20]

Dass Luther bei seinen römischen Wanderungen weder für Architektur noch für Kunst ein Auge hatte, wird kaum überraschen. Wenn er, was gelegentlich vorkommt, einzelne Bilder rühmend hervorhebt, dann doch nie aus ästhetischen Gründen. In S. Maria del Popolo hat ihn eine Madonna beeindruckt, weil der Evangelist Lukas sie selbst gemalt haben soll. Doch die Pintoricchio-Fresken, die er dort ebenfalls gesehen haben muss, erwähnt er nicht einmal. Das Pantheon, gewaltiges und fast unversehrt gebliebenes Zeugnis des antiken Rom, war ihm eindrucksvoll. Aber er hat auch hier nicht die ästhetische Wirkung des Innenraums oder die bauliche Leistung der Alten bewundert. Die Besonderheit des Gebäudes hat er zwar vermerkt, doch viel wichtiger war es ihm als Inbegriff des heidnischen Synkretismus. »Die Römer haben alle Abgötter gesammelt und eine Kirche gebaut, die sie Pantheon nannten, aller Götter Kirchen«. Später wird ihm daraus ein Symbol der römischen Kirche, die »gewissermaßen ein neues Pantheon der Gottlosigkeit« sei.[21]

An Luthers Aufenthalt erinnert in Rom heute nichts mehr, an seine Person jedoch zweierlei. Die eine Spur findet sich in Raffaels Stanzen im Vatikan. Deutsche Landsknechte haben dort 1527, beim Sacco di Roma, in das Fresco der Disputà del Sacramento mit einem Nagel den Namen LVTHER eingekratzt: ein wohl eher politisch denn religiös motivierter Vandalismus. Die andere Erinnerung bildet ein Brunnen, der in die Mauer eines Palazzo in der Via Lata eingelassen ist. Ein Dienstmann des 16. Jahrhunderts hält vor seinem enormen Bauch ein Fässchen, aus dem Wasser in ein kleines Becken fließt. Die Figur soll als »statue parlanti« gedient haben, an die man anonyme Spottschriften zu heften pflegte. Aber der römische Volksmund hat dem hübschen Brunnen längst eine andere Deutung gegeben: Der Mann mit dem ewig rinnenden Fass, heißt es, sei kein anderer als der trinkfreudige Doktor Luther.

Anfang Februar 1511 wurde das Gesuch der beiden Patres abschlägig beschieden. Ihre Mission war beendet, sie konnten sich auf den Heimweg machen. Über Florenz, Bologna und den Brennerpass wanderten sie nach Innsbruck, von dort über Schongau und Augsburg zurück nach Erfurt. Ende März waren sie wieder zu Hause.

Als prägenden Reiseeindruck hat Luther später gern von der großen Freundlichkeit und Tüchtigkeit der bayrischen Gastwirte erzählt. Das Volk sei dort zwar nicht sehr intelligent, aber eben darum redlich und dienstwillig. Landschaftliche Reize hat er nie verspürt. Die Schweizer bedauerte er wegen ihres unfruchtbaren Bodens – »es ist nicht mehr denn Berg und Tal« –, die fruchtbare oberitalienische Ebene dagegen rühmte er sehr.

Auch von den Italienern machte sich Luther sein Bild. Viel höflicher, beweglicher, dazu schlauer und verschmitzter seien sie als die Deutschen. Auch tränken sie längst nicht so viel und kleideten sich mit besserem Geschmack. Und dennoch – er mochte sie nicht: Ihre lebhaften Gesten fand er lächerlich, ihre Tänze lasziv, und dass sie auf offener Straße ganz ungeniert – »wie die Hunde« – ihre Notdurft verrichten, hat ihn erschreckt.

»Ich verstehe die Italiener nicht, und sie verstehen mich nicht«: In diesen Satz hat Luther einmal die Eindrücke seiner Romfahrt zusammengefasst. Aber der Satz sagt mehr. Er wirft zugleich auch Licht auf eine Wurzel des theologischen Dissenses, der wenige Jahre später zwischen Wittenberg und Rom aufbrechen sollte. »Ich verstehe die Italiener nicht, und sie verstehen mich nicht«: Das ist der Kern des Problems, dass Luthers Theologie so durch und durch deutsch ist, und vielleicht müsste man sogar sagen, so durch und durch sächsisch.

III. AUFBRUCH (1512–1521)

1. Die reformatorische Einsicht

In der Nachfolge von Staupitz übernimmt Luther, kaum dreißigjährig, die theologische Professur. Die Auslegung der Bibel wird nun zu seinem akademischen Beruf. Aufs Ganze gesehen, ist sie ihm zugleich das tragende lebensgeschichtliche Kontinuum geworden.

Gerade die frühen Vorlesungen haben in der neueren Forschung ein besonderes Interesse gefunden. Nicht nur für Luthers Hermeneutik – dies ein herausragender Forschungsgegenstand der letzten Jahrzehnte –, sondern für das Entstehen reformatorischer Theologie insgesamt sind diese Texte von unschätzbarem Quellenwert. Erlauben sie doch einen ungemein detailreichen und spannenden Einblick in die Werkstatt des jungen Professors.

Luthers erste Vorlesung galt dem Buch der Psalmen (1513–1515).[22] Schon immer zählten diese Texte zu den meisttraktierten Stücken der Bibel, und wer wie Luther in klösterlichem Leben geübt war, dem waren sie von den Stundengebeten her ohnehin vertraut. Dennoch ist es keine rhetorische Bescheidenheitsfloskel, sondern aufrichtiges Eingestehen, wenn Luther mit der Bemerkung einsetzt, die meisten Psalmen habe er selbst noch nicht verstanden. Daneben steht freilich, ebenfalls von Anfang an, eine bemerkenswerte Distanz zur üblichen scholastischen Auslegungsmethode: Die überkommenen Erklärungen des Textes, beginnt Luther, hätten zumeist noch mehr Erklärungen nötig als der Text selbst.

Für die Vorlesung ließ Luther den lateinischen Psalter eigens drucken: mit weitem Zeilenabstand, damit seine Hörer wie auch er selbst den biblischen Text mit exegetischen Glossen versehen könnten, zwischen den Zeilen oder, wenn das nicht reichte, am Rand. Ausführlichere exkursorische Vertiefungen trug er, die Glossierung unterbrechend, in sogenannten Scholien vor. Beides, Luthers Handexemplar des glossierten Textes wie sein Manuskript der Scholien, ist glücklicherweise erhalten geblieben.

Für die exegetische Arbeit nutzte Luther die neuesten Hilfsmittel, so etwa Reuchlins hebräisches Lehrbuch und Lexikon oder die Auslegung des französischen Humanisten Faber Stapulensis (1509), desgleichen aber auch die klassischen Psalmen-Kommentare, allen voran denjenigen Augustins. Mit ihm wusste sich Luther insbesondere darin einig, die Psalmen als Gebete Christi zu nehmen, was selbstverständlich als ein dogmatischer, nicht als ein – in modernem Sinn – historischer Grundsatz gemeint war.

In der Erklärung der einzelnen Verse gebrauchte Luther zunächst noch die herkömmliche Auslegungsmethode, die der »Lehre vom vierfachen Schriftsinn« verpflichtet war. Derselbe Text wurde dadurch verschieden gedeutet: zunächst nach seinem buchstäblich-historischen Sinn, dann in seiner Anwendung auf den Glauben der Kirche sowie drittens den einzelnen Menschen, schließlich in seiner Aus-

Abb. 4: Martin Luther mit Doktorhut. Dreht man die Karikatur herum, wird aus dem Doktor ein Narr mit entsprechender Narrenkappe. Karikatur eines unbekannten Künstlers um 1520.

richtung auf die künftigen, ewigen Güter. Luther hat diese altehrwürdige Methode dann aber nicht einfach verworfen. Der Fortgang seiner Psalmenauslegung zeigt, wie intensiv er mit ihr gerungen und an ihr sich abgearbeitet hat. Schließlich konnte er dieses gewiss geistvolle, aber doch im Grunde beliebige Spielen mit einer Vielfalt der Bedeutungen von innen her überwinden. Dass nicht die allegorische Vieldeutigkeit, sondern nur die *eindeutige* Gewissheit des Bibelwortes dem Glauben verlässlicher Grund sein kann, steht als geistlicher und theologischer Gewinn am Ende dieses exegetisch-hermeneutischen Ringens.

So lässt sich als methodisches Ergebnis der ersten Vorlesung festhalten: Luthers Auslegungsweise ist im Begriff, die gebahnten Spuren scholastischer Theologie zu verlassen. Er deutet die Texte nicht mehr scholastisch, sondern biblisch, nicht mehr im Horizont der kirchlichen Auslegungsgeschichte, sondern im Rahmen der gesamten innerbiblischen Überlieferung.

Der Versuch, die unerhört vielschichtige Entstehungsgeschichte von Luthers eigener, reformatorischer Theologie an einen biographischen Fixpunkt zu knüpfen, ist verschiedentlich unternommen worden, wenn auch ohne durchschlagenden Erfolg. Immerhin findet die Rede von der »reformatorischen Wende« einen gewissen Anhalt bei Luther selbst. Dabei handelt es sich allerdings nicht um eine unmittelbare, gleichzeitige Äußerung, sondern um eine kleine Zahl späterer Rückblicke. Deren bekanntester entstammt Luthers Vorrede zum ersten Band der Wittenberger Gesamtausgabe seiner lateinischen Schriften, der 1545, ein Jahr vor seinem

Tod, erschienen ist. Luther erinnert sich dort, wie eine einzelne Wendung des Paulus – dass die Gerechtigkeit Gottes im Evangelium offenbar werde (Römer 1,17) – seine Anfechtungen aufs Äußerste verschärft habe. Endlich habe sich ihm der richtige Sinn dieser Stelle erschlossen: Nicht von der fordernden und richtenden Gerechtigkeit sei hier die Rede, sondern von der, die Gott denen, die an ihn glauben, schenkend zuteil werden lässt. »Da hatte ich das Gefühl, ich sei geradezu von neuem geboren und durch geöffnete Tore in das Paradies eingetreten. Da zeigte mir sogleich die ganze Schrift ein anderes Gesicht«.[23]

Freilich: Luthers Angaben sind chronologisch ganz ungenau. Dennoch zielen sie nicht auf einen Prozess, sondern auf ein einzelnes, konkretes Ereignis, besser: auf eine einzelne exegetisch-hermeneutische Einsicht. Die Folgen, die ihm aus dieser Einsicht erwuchsen, waren – im strengen Sinne – weltbewegend. Man zögert dennoch, die reformatorische Zentralentdeckung, die sich an Römer 1,17 entzündet hat, bereits als die epochale Wende auszugeben. Hat sie die Welt doch keineswegs schlagartig verändert. Vielmehr löste sie einen komplexen, stufenweise sich entfaltenden Prozess aus, der dann im Verlauf weniger Jahre die Reifegestalt reformatorischer Theologie entstehen ließ. Der bis heute nicht entschiedene Streit, ob der reformatorische Durchbruch bereits 1514/15 oder erst gegen 1518 anzusetzen sei, leidet denn auch an einer Tendenz zu undifferenzierter Pauschalisierung. Je nach dem, ob man den Blick eher auf den Prozess des allmählichen Werdens von Luthers Theologie oder aber auf deren explizite Lehrgestalt richtet,

1. Die reformatorische Einsicht 61

wird man sich auch in der Datierungsfrage der einen oder anderen Seite zuneigen.

Jedenfalls aber hat Luthers theologisches Denken zwischen dem Beginn der Professur und seinem Auftreten vor dem Reichstag in Worms (1521) seine wesentlichen Wandlungen und Ausformungen erlebt. Die an Römer 1,17 gewonnene Einsicht, das erste Wort Gottes nicht als erdrückendes Gesetz, sondern als das freimachende Evangelium zu verstehen, ist dabei zu einer das ganze Denken prägenden Grundüberzeugung geworden.

Nach Abschluss der Psalmen-Vorlesung wandte sich Luther dem Römer- (1515/16), Galater- (1516/17) und Hebräerbrief zu (1517/18). In der Folge dieser Vorlesungen zeigte sich immer deutlicher, dass sein Denken die Konsequenz einer theologischen Grundlagenreform unausweichlich machte. Die überkommene, der aristotelischen Philosophie entlehnte Begrifflichkeit, v. a. aber deren Neigung zu substanzontologischen Kategorien, galt ihm als unangemessen für die Sache der Theologie. Über Gott, Mensch und Welt nicht philosophische, sondern christliche Aussagen zu machen, dies schien ihm nur in Gestalt einer relationalen, die Wechselbezüge konstitutiv einbeziehenden Ontologie möglich zu sein. Sind doch Gott, Mensch und Welt für ihn nicht selbstgenügsame, in sich selbst hinreichend definierte Größen, sondern auf eine sie erst konstituierende Weise aufeinander bezogen: Erst in seinem Wirken an der Schöpfung und durch sie kommt der Schöpfer recht in den Blick, erst in seinem Bezogensein auf Schöpfer und Schöpfung der Mensch, erst in ihrem Geschaffensein und Gestaltetwerden die Welt.

Luthers Kritik an den aristotelischen Voraussetzungen des Denkens vertiefte sich zusehends zu einer Kritik an der ganzen scholastischen Theologie. Der Ruf nach einer entsprechenden Reform des theologischen Studiums war deren notwendige Folge: weg von Aristotelismus und Sentenzenauslegung, hin zu einem auf die Bibel und, in gebührendem Abstand, die Väter der Kirche konzentrierten Studium. Vergeblich hatte Luther gehofft, dafür auch die alten Erfurter Lehrer gewinnen zu können. Dagegen fand er in der Wittenberger Universität raschen Anklang: Amsdorf und Karlstadt, die anfangs gezögert hatten, waren aufrichtig genug, ihre überkommenen Auffassungen zur Disposition zu stellen und durch die besseren – lutherischen – Gesichtspunkte ersetzen zu lassen.

Luthers Kritik am scholastischen Lehrbetrieb nahm immer deutlichere Formen an. Als er, Römer 4,7 auslegend, die kirchliche Lehre referierte – er nannte sie »hellen Wahnsinn«! –, wonach der Mensch dem Gesetz Gottes aus eigenen Kräften Genüge tun könne, unterbrach er den Duktus seiner lateinischen Ausführungen mit dem impulsiven Empörungsschrei »O ihr Toren, o ihr Sautheologen«.[24] Die Reaktion des Hörsaals ist nicht überliefert. Man kann sie sich denken.

Ihren vorläufigen Höhepunkt fand Luthers Kritik in den teils äußerst scharf formulierten Disputationsthesen »Gegen die scholastische Theologie«, die er im September 1517, kaum zwei Monate vor dem berühmten, die Lawine auslösenden Thesenanschlag, bekannt machte. Merkwürdigerweise war damals nach außen hin alles noch ruhig geblieben.

Neben seiner akademischen Arbeit stand Luther als Prediger auch gegenüber der Wittenberger Gemeinde in der Verantwortung. Dies beides, Katheder und Kanzel, bildet denn auch gemeinsam, in untrennbarer Verflochtenheit, das entscheidende Kontinuum seiner theologischen Existenz. Seit 1513/14 hatte er den Predigtauftrag für die Wittenberger Stadtkirche wahrzunehmen. Manche seiner Predigten hat Luther sogleich in Druck gehen lassen. Ihr überwiegender Anteil – am Ende waren es über 2000 – ist aber nur in Gestalt stenogrammartiger Nachschriften auf uns gekommen.

Als Prediger bevorzugte Luther meist eine den biblischen Text entlanggehende, homilieartige Auslegung, damit zugleich Abstand nehmend vom überkommenen Typus der bloßen Motto-Predigt. Im Übrigen waren seine Ausführungen handwerklich nüchtern, ohne rhetorisches Pathos, doch prall gefüllt mit Lebens- und Glaubenserfahrung. Neben der Auslegung von Einzeltexten hat Luther auch gern lehrmäßig zentrale Textgruppen wie die 10 Gebote oder das Vaterunser ausgelegt. Aus solchen katechetischen Reihenpredigten gingen später die beiden Katechismen (1529) hervor.

Im Frühjahr 1517 trat Luther erstmals mit einem gedruckten Werk an die breite kirchliche Öffentlichkeit: einer deutschen – also allgemeinverständlichen – Auslegung der sieben Bußpsalmen. Auch diese Schrift ist ihm aus der Predigtarbeit erwachsen. In der Geschichte der deutschsprachigen geistlichen Literatur bildet vor allem die Deutsche Mystik einen bedeutenden Traditionskomplex. Luther hat sie gekannt und geschätzt, zumal in Gestalt der Predigten

Taulers oder der anonymen »Theologia deutsch«, die er selber zweimal ediert hat. Gleichwohl darf man den Einfluss der Deutschen Mystik auf Luther nicht überschätzen: Sie war ihm willkommener Helfer in der als Recht erkannten, reformatorischen Sache. Geistige Heimat aber war sie ihm nicht.

2. Der Streit um den Ablass

Die Zeitenwende, die Luther, selbstverständlich ohne es zu wollen oder zu ahnen, ins Werk gesetzt hat, nahm von einer verhältnismäßig untergeordneten Frage der kirchlichen Vollmacht ihren Ausgang: dem Streit um den Ablass. Die geistesgeschichtliche Umwälzung, die sich bleibend damit verbindet, war so umfassend, dass man heute Mühe hat, die Umstände, die sie veranlasst haben, überhaupt zu verstehen. Im Vergleich zu der Umgebung, in der Luther aufwuchs, leben wir – buchstäblich – in einer anderen Welt.

Die kirchliche Lehre des Mittelalters schrieb dem Bußsakrament die Bedeutung zu, die durch die Sünde des Menschen erwirkte ewige Strafe tilgen zu können. Man beeilte sich freilich, davon die zeitlichen Sündenstrafen zu unterscheiden: Wer in der Buße die ewige Seligkeit erlangt hatte, konnte gleichwohl vorher, zwischen Tod und Ewigkeit, im Fegefeuer also, für seine Sünden bestraft werden. Zur Erleichterung dieser zwar unbiblischen, aber doch stark frömmigkeitsprägenden Schreckensaussicht kam im 11. Jahrhundert das Ablasswesen auf: Durch fromme, vor allem aber

Abb. 5: Ablasshandel. Aus: Ohne Ablass von Rom kann man wohl selig werden. Augsburg: Melchior Ramminger, 1521.

durch finanzielle Leistungen konnte man sich einen genau umschriebenen Ablass der bevorstehenden Fegefeuerstrafe erwirken. Zu Beginn des 16. Jahrhunderts war dieser Komplex noch immer nicht in die Gestalt einer umfassend verbindlichen kirchenamtlichen Lehre überführt worden. Das Interesse der Kurie an einem funktionierenden Ablasswesen war allerdings elementar: Kein Wunder angesichts ihres gewaltigen Finanzbedarfs!

Papst Julius II. legte 1506 den Grundstein zum Neubau der Peterskirche. Zugleich schrieb er zu dessen Gunsten einen Plenarablass aus, der allerdings zeitlich und regional begrenzt war. Sein Nachfolger Leo X. hat diese Ausschreibung mehrfach erneuert, so auch 1515 für die deutschen Kirchenprovinzen Magdeburg und Mainz. Als Generalkommissar wurde dafür Markgraf Albrecht von Brandenburg eingesetzt, der zugleich Erzbischof beider Kirchenprovinzen war. Wegen der an sich unerlaubten Häufung seiner bischöflichen und fürstlichen Würden hatte Albrecht an Kurie und Kaiser eine empfindliche finanzielle Abgabe zu leisten. Die Fugger hatten mit einem großzügigen Darlehen ausgeholfen. Nun war in einer Geheimabsprache mit der Kurie festgelegt worden, dass Albrecht von dem Erlös, den der Petersablass in seinen Kirchenprovinzen erbringen würde, jeweils die Hälfte zur Darlehenstilgung nach Augsburg und zur Bauunterstützung nach Rom schicken sollte.

Für die Provinz Magdeburg ernannte er als Subkommissar den Dominikaner Johannes Tetzel. Dieser war mit einzigartigen Ablassvollmachten versehen, etwa einem Beichtbrief, der im Falle von Todesnot vollen Ablass erwirken konnte, oder einem Ablass für Verstorbene, vor allem für Eltern und Freunde. Sein volkstümliches Auftreten, gepaart mit einem beachtlichen rhetorischen und propagandistischen Talent (»Wenn das Geld im Kasten klingt, die Seele aus dem Fegfeuer springt«) sicherten der Ablasskampagne Aufsehen und Erfolg. Gleichzeitig hat aber eben dieser Ablassvertrieb auch einen derartigen Sturm der Kritik entfacht, dass er dann in seiner Art der letzte geblieben ist.

Schon das Mittelalter kannte eine Reihe von Klagen über den Ablass. Entsprechend hat sich auch Luther bereits in den frühen Vorlesungen und Predigten mit allgemeinen kritischen Bemerkungen dazu geäußert. Seine durchschlagende Kritik entzündete sich jedoch erst am Petersablass. Dass sie von derart weltbewegender Kraft war, lag zunächst an einem weit verbreiteten, latenten Unbehagen an der kirchlichen Ablasspraxis, desgleichen auch an dem bemerkenswerten Maß seines persönlichen Einsatzes sowie am ungewöhnlichen theologischen Tiefgang seiner Kritik, die nun nicht mehr nur auf marginale Missbräuche des Ablasswesens zielte, dieses vielmehr insgesamt problematisierte, nicht zuletzt aber auch an der enormen Verbesserung der drucktechnischen Möglichkeiten, durch die Luthers Kritik in kürzester Zeit ganz Deutschland bekannt werden konnte.

In Kursachsen war der Petersablass nicht zugelassen, wofür freilich nicht etwa inhaltliche, sondern ausschließlich politische Gründe maßgeblich waren: Es ging ja um das Geld des Markgrafen von Brandenburg! Die Sogwirkung, die darum von Magdeburg ausging – viele Wittenberger pilgerten in den Wirkungsbereich Tetzels –, hat Luther nachhaltig verärgert. Noch dazu, wo er sehen musste, dass dieses Unwesen durch Erzbischof Albrecht von Mainz gedeckt und also bewusst von oben gesteuert war.

So wendet sich Luther am 31. Oktober 1517 brieflich an Albrecht, dem er in deutlichen, wenn auch die Form wahrenden Worten seine Verantwortung für die Gläubigen vorhält. Indem er mit seinem Doktortitel unterzeichnet, gibt er zu verstehen, dass er in dieser dogmatisch noch nicht fixierten Frage von seinem theologischen Disputationsrecht Gebrauch zu machen gedenkt. In diesem Sinn legt er dem Schreiben 95 Thesen über den Ablass bei.[25]

Für das populäre Luther-Bild sind diese 95 Thesen entscheidend geworden, und der Thesenanschlag verdichtete sich, zumal im 19. Jahrhundert, zum zentralen Symbol des Protestantismus. Inzwischen ist allerdings fraglich geworden, ob Luther die Thesen am 31. Oktober oder am 1. November 1517, ja ob er sie überhaupt in Wittenberg angeschlagen hat. Noch immer ist der Streit nicht entschieden. Die erste Erwähnung des Thesenanschlags findet sich bei Melanchthon, und zwar in einer erst nach Luthers Tod entstandenen Schrift. Sicher ist, dass Luther die 95 Thesen sogleich an seine Freunde versandt hat. Das macht es immerhin wahrscheinlich, dass er sie auch in Wittenberg akademisch bekannt gemacht hat, wofür ein Anschlag an der Tür der Universitätskirche der übliche Weg gewesen sein würde.

Von der raschen Verbreitung der Thesen – bereits Ende 1517 lagen Drucke in Leipzig, Nürnberg und Basel vor – und dem enormen Echo, das sie auslösten – so hatte sich etwa Dürer postwendend und unter Beigabe eines Geschenkes dafür bedankt –, war Luther selbst überrascht. Die 95 Thesen über den Ablass sollten in pointierter Weise zum theologischen Meinungsstreit herausfordern. Auch wenn sie, verglichen mit den 98 Thesen gegen die scholastische Theologie vom September 1517, viel maßvoller blieben, kündigte sich in ihnen doch ein grunderschütterndes Beben an, zumal Luther mit der Ablassfrage zugleich andere, zentrale theologische Fragen, etwa nach der Autorität von Kirche und Papst oder nach der Sakramentslehre, verknüpft hatte.

Die rasche Verbreitung hatte eine neue Situation entstehen lassen, durch die sich Luther zu öffentlicher Erklärung genötigt sah. So ließ er im Frühjahr 1518 einerseits eine wissenschaftliche, lateinische Erklärung der 95 Thesen ausgehen, andererseits einen deutschsprachigen, allgemeinverständlichen »Sermon von dem Ablass und Gnade«, der dann auch massenweise gedruckt worden ist.

Luthers Kritik am Ablass zielt auf die kirchliche Instrumentalisierung der christlichen Buße. Entsprechend stellt die 1. These unter deutlich provozierendem Verweis auf ein Wort Christi fest, daß das *ganze* Leben der Gläubigen Buße sei. Darin spiegelt sich bereits eine dann immer wiederkehrende Grundfigur: Was bislang als kirchlich einzufordernde Leistungen ausgegeben wurde, deutet er als Lebensäußerungen des Glaubens, die diesem nicht als Bedingung vorausgehen müssen, sondern ihm wie selbstverständlich folgen. Insbesondere kritisiert Luther, das kirchliche Ablasswesen ängstige die Menschen an falscher Stelle und wiege sie darum auch in falscher Sicherheit, da es die *Strafe* fürchten lehre anstelle der *Sünde*. Auch dass sich der Papst zwischen Gott und den bußfertigen Menschen schiebe, missfällt ihm: »Der Papst kann die Schuld nicht anders als durch die Zusicherung erlassen, dass sie von Gott erlassen ist« (These 6). Eine gewisse, vielleicht berechnete Spannung liegt darin, dass Luther einerseits die kritischen Reaktionen der Laien referiert, die der Papst, wolle er nicht unglaubwürdig erscheinen, widerlegen müsse – etwa die Frage, weshalb der Papst, da er doch offenbar den Menschen Strafe erlassen könne, dies nicht aus christlicher Liebe, sondern nur gegen Bezahlung tue –, andererseits sich aber zu einem Advokaten des Papstes macht: »Wenn der Papst wüsste, wie die Ablassprediger das Geld eintreiben, würde er vorziehen, dass die Peterskirche zu Asche verbrannt wird« (These 50), oder: »Der Papst will lieber ein andächtiges Gebet als willig bezahltes Geld« (These 48).

Erzbischof Albrecht von Mainz erhielt Luthers Schreiben mitsamt den Thesen Ende November. Unschlüssig zunächst, was davon zu halten sei, erbittet er ein Gutachten der Universität Mainz und gibt den Vorgang zugleich als Information – nicht als Anzeige! – nach Rom. Die kirchenamtliche Reaktion in Deutschland blieb zunächst äußerst verhalten.

Dagegen hat Tetzel sogleich und heftig reagiert: Er besorgte sich bei seinem in Frankfurt/Oder lehrenden Ordensbruder Wimpina eine Gegenthesenreihe, die freilich nicht die akademische Disputation befördern, sondern den Wittenberger Professor als einen Ketzer entlarven sollte. Die Kurie reagierte zunächst mit dem Versuch, Luther über seine Ordensoberen zu besänftigen. Damit steht möglicherweise in Zusammenhang, dass Luther ersucht worden ist, vor dem in Heidelberg tagenden Ordenskapitel seine Theologie disputierend vorzustellen und zu vertreten. Die »Heidelberger Disputation« (April 1518) ist denn auch zu einem Meilenstein der Reformationsgeschichte geworden. Ihr zentrales Anliegen war, mit der bewusst überspitzenden Antithese einer »Theologie des Ruhmes« (»theologia gloriae«), zu der Luther die gesamte Scholastik zusammengefasst sah, und der biblisch-reformatorischen »Theologie des Kreuzes« (»theologia crucis«) eine Klärung der Fronten herbeizuführen. Vor allem unter den jüngeren Zuhörern hat dieses Auftreten Luthers großen Eindruck hinterlassen: Martin Bucer, Johannes Brenz, Erhard Schnepf, auch übrigens Sebastian Franck wurden dadurch bleibend geprägt.

In einem Brief an Leo X. schilderte Luther sodann noch einmal die Missstände, die seine Kritik herausgefordert hatten, unterstrich ferner das ihm zustehende akademische Disputationsrecht und verwahrte sich deutlich gegen jedwede Verleumdung. Aus dem Munde des Papstes, heißt es am Ende, erwarte er das Urteil Christi zu hören.

Gleich nach der Rückkehr aus Heidelberg suchte Luther Reform und Ausbau der Wittenberger Universität voranzutreiben. Im Sommer 1518 kam Melanchthon in die Stadt, als Professor für Griechisch aus Tübingen nach Wittenberg berufen. Seine erstaunliche humanistische Bildung hat die Wittenberger stark beeindruckt, und auch Luther hielt ein Leben lang an seiner Hochachtung Melanchthons fest, selbst als er dem jungen Kollegen längst ein väterlicher Freund geworden war. Umgekehrt besuchte Melanchthon die Vorlesungen Luthers und vertiefte sich sogleich in das Studium der reformatorischen Theologie.

Der Streit um den Ablass, ein scheinbar marginales Thema spätmittelalterlicher Frömmigkeit, sollte eine Lawine ins Rollen bringen, deren Auswirkung vorerst nicht absehbar war. In dem Schatten, den sie vorauswarf, nahm das Leben und die theologische Arbeit, von der es erfüllt war, seinen Lauf. Bereits im Oktober 1518 konnte bei Froben in Basel die von Wolfgang Capito besorgte erste Sammelausgabe von Luthers lateinischen Schriften erscheinen.

3. Rom contra Luther

Während Luther noch immer auf eine akademische, mit Vernunft- und Schriftgründen disputierende Erörterung seiner 95 Thesen hofft, leitet die römische Kurie im Frühsommer 1518 eine gerichtliche Voruntersuchung gegen ihn ein. Ob dazu die Meldung Albrechts von Mainz oder die Anzeigen der deutschen Dominikaner den Anstoß gab, lässt sich nicht mehr entscheiden. Die Vorarbeiten münden in eine förmliche Zitation: Der unbequeme Augustiner-Eremit soll sich in Rom den Vorwürfen der Häresie sowie der Auflehnung gegen die kirchliche Amtsgewalt stellen.

Für Luther musste die Lage aussichtslos erscheinen: Der kirchliche Bann würde die Reichsacht notwendig nach sich ziehen. Immerhin bittet er seinen Landesherrn, er möge doch im Einvernehmen mit dem Kaiser in Rom zu erwirken suchen, dass seine Sache in Deutschland zur Verhandlung komme. Der Verdacht, ihn würde in Rom ein sehr parteiliches, noch dazu von den Animositäten zwischen Dominikanern und Augustiner-Eremiten überlagertes Verfahren erwarten, war in der Tat nicht von der Hand zu weisen. Luther war klug genug, dem Kurfürsten gegenüber zugleich auch die Ehre seiner Wittenberger Universität ins Spiel zu bringen.[26]

Das römische Verfahren läuft indes nur schleppend an. Denn der Fall Luther, in der Perspektive Roms ohnehin nur ein ganz untergeordnetes, wenn auch lästiges Mönchsgezänk, war zugleich mit universalen machtpolitischen Interessen verknüpft. Hinzu kommt, dass hier erstmals auch die Macht der öffentlichen Meinung sichtbar geworden ist.

Aufgrund der widerstreitenden kirchlichen Interessen kommt es zu einem überraschenden Einlenken Roms: Man ist bereit, das Verhör auf deutschen Boden, nämlich auf den Augsburger Reichstag, zu verlegen. Dahinter stand die Sorge, dass man, dem Wunsch Kaiser Maximilians folgend, dessen Enkel Karl von Spanien zum römischen König und damit zum designierten Kaiser wählen würde. Um solche habsburgische Machtfülle, wenn möglich, zu verhindern, umwarb Rom den sächsischen Kurfürsten Friedrich, der, obgleich politisch schwach, als aussichtsreichster Gegenkandidat galt. Friedrich der Weise aber, das wusste man, hielt seine Hand schützend über den jungen Professor Luther, dem er den plötzlichen Aufschwung der noch jungen Wittenberger Universität vornehmlich verdankte. Hinzu kamen bei Friedrich ein ausgeprägtes territoriales Selbstbewusstsein, ein sensibler Gerechtigkeitssinn sowie eine eigentümliche, vor jeder obrigkeitlichen Bevormundung zurückschreckende Frömmigkeit.

Der Bapstesel zu Rom

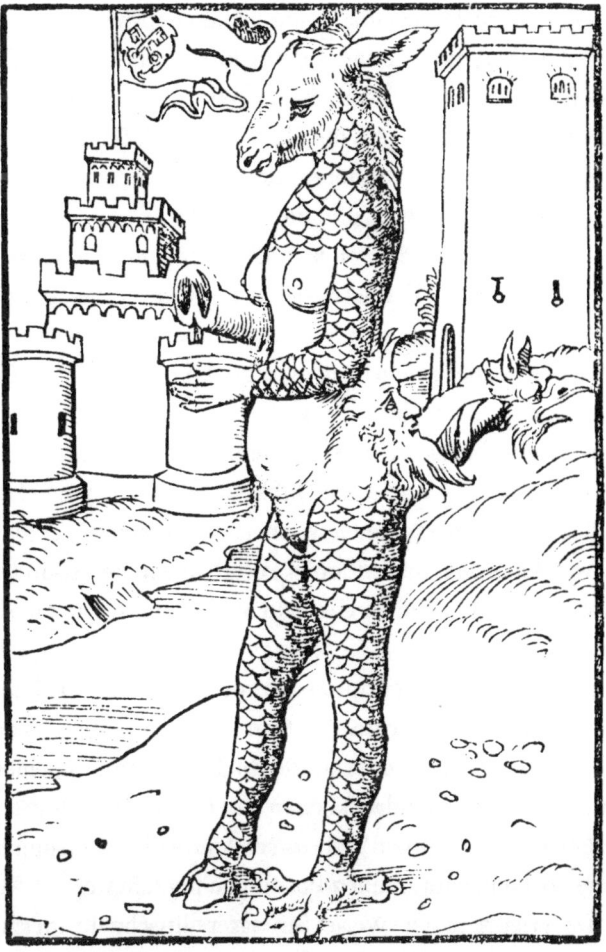

Abb. 6: Der Papstesel. Nach Lukas Cranach d. Ä., Augsburg: Heinrich Steiner, 1523.

So ist Luther am Ende in Augsburg verhört worden: von Cajetan, einem hochgelehrten Dominikaner, der überdies die Vollmacht besaß, ihn, sollte er bereuen, wieder in die Gemeinschaft der Kirche aufzunehmen, andernfalls aber den Bann über ihn zu sprechen. Weil Cajetan dem sächsischen Kurfürsten zugesichert hatte, er wolle Luther väterlich, nicht richterlich anhören, riet Friedrich dem zunächst abwartenden Luther zu, und dieser folgte.

Im Oktober 1518 kam es, nach beendigtem Reichstag, in Augsburg zum Verhör. Cajetan forderte Luther kurzerhand auf, er solle widerrufen. Luther aber beharrte darauf, er könne, was er gelehrt und geschrieben habe, erst widerrufen, wenn es aus der Bibel widerlegt worden sei, und gab dem Streit überdies eine scharfsinnig eingefädelte Wende ins Prinzipielle. Als zentrale Differenz erwies sich dabei die Auffassung Luthers, die Gewissheit des Glaubens sei nicht notwendig an die institutionell verfasste Kirche gebunden. »Das heißt eine neue Kirche bauen!«, erkannte Cajetan sogleich.

Nun musste Luther mit der Exkommunikation rechnen. Vorsorglich ließ er darum eine förmliche Appellation an das Konzil aufsetzen, das er erhoffte. Zugleich sandte er seinem Kurfürsten einen eindrücklichen Brief, in dem er ihm den Verlauf des Augsburger Verhörs schilderte und noch einmal seine dort eingenommenen Positionen bekräftigte.

Da Friedrich der Weise für das politische Kräftespiel Roms noch immer von Bedeutung war, ließ man ihm 1518 die »Goldene Rose« überbringen, höchste und jährlich vergebene Auszeichnung des Heiligen Stuhls. Karl von Miltitz, der als päpstlicher Kammerherr die Goldene Rose zu übergeben hatte, verband diesen Auftrag mit dem Versuch einer eigenmächtigen, wenn auch von Rom geduldeten Vermittlung. Seine immer wieder erneuerten Bemühungen komplizierten die Angelegenheit beträchtlich, banden auch auf beiden Seiten wertvolle Zeit und Kraft, ohne doch irgend erfolgreich zu sein.

Anfang November 1518 ließ Leo X. ein Dekretale über den Ablass ausgehen. Von Cajetan entworfen, gibt es dem Ablasswesen, ohne sich mit näherer theologischer Begründung aufzuhalten, eine sanktionierte kirchliche Lehrgestalt und entzieht es damit dem Bereich der diskutierbaren Meinungen. Demgegenüber hielt Luther an seiner Auffassung fest, allein auf eine in der Bibel gründende Widerlegung hin widerrufen zu können. Die kursächsische Diplomatie machte sich diese Position zu eigen, und es gelang ihr, eine Zitation Luthers vor den nächsten, in Kürze zu erwartenden Reichstag verbindlich in Aussicht stellen zu lassen.

Unterdessen hatte Johannes Eck, Professor der Theologie in Ingolstadt und Eichstätter Domherr, seine Angriffe gegen Luthers Ablassthesen fortgesetzt. Da ihm vor allem Karlstadt entgegentrat, entstand der Plan, den Streit in einer öffentlichen Disputation, die die Universität Leipzig veranstalten sollte, auszutragen. Da die Thesen Ecks jedoch durchweg auf Luther zielten, bemühte sich dieser, zur Disputation zwischen Eck und Karlstadt ebenfalls zugelassen zu werden. Aber Herzog Georg hielt ihn endlos hin: Noch während der Anreise im Juni 1519 wusste Luther nicht, ob er in Leipzig würde mitreden dürfen.

Der Hergang der »Leipziger Disputation« wurde genau protokolliert. Ihren Schwerpunkt fand sie in der endlich doch erlaubten Konfrontation zwischen Eck und Luther (4. – 14. Juli 1519). Johannes Eck hat dabei einen glänzenden Eindruck gemacht: gewandt, rhetorisch versiert und mit einem blendenden Gedächtnis begabt. Als Hauptthema kristallisierte sich rasch die Frage heraus, was es um die päpstliche Primatsgewalt sei. Luther bestritt, dass der Primat des Papstes in göttlichem Recht gründe, war aber – noch – bereit, ihn als eine Institution menschlichen Rechts zu respektieren. Diese Zwischenlösung sollte dann bald der Vermutung weichen, der Papst sei der Antichrist: nicht in Person zwar, aber doch als Institution, jedenfalls in ihrer derzeitigen Verfasstheit. Als sich der Streit der anderen Säule kirchlicher Autorität, den Konzilien, zuwandte, verfocht Eck die steile, wenn auch kirchlich sanktionierte These, Konzile, sofern sie nur rechtmäßig berufen worden seien, könnten nicht irren. Dass Luther an dieser Stelle opponieren würde, war abzusehen. Sensationell aber war, dass er sich von Eck zu dem Satz provozieren ließ, Konzile *könnten* nicht nur irren, sondern *hätten* auch geirrt, so das Konzil von Konstanz (1414–1418) etwa im Fall des böhmischen Jan Hus.

An der Frage der kirchlichen Autorität war eine tiefe Kluft aufgebrochen zwischen den Wittenbergern und den Altgläubigen, für die Eck sprach. Herzog Georg von Sachsen, der den Streit bis dahin interessiert verfolgt hatte, sah von nun an in Luther einen Gegner. Jetzt warnte er seinen Vetter Friedrich den Weisen vor dem Schaden, den Luther anzurichten im Begriff sei, und verständigte die für sein Herzogtum zuständigen Bischöfe von Meißen und Magdeburg. Nur der Bischof von Meißen reagierte: Er befahl, eine Schrift Luthers, die die herrschende Abendmahlspraxis als unbiblisch auswies, zu konfiszieren, und setzte damit das erste kirchenamtliche Vorgehen gegen Luther ins Werk.

Gleichzeitig hatten die Universitäten Löwen und Köln eine erste offizielle Lehrverurteilung ausgehen lassen. Luther gab sie, kaum dass er sie in Händen hielt, selber zum Druck, vermehrt um eine scharf gehaltene Widerlegung aus eigener Feder. Im Kreis der Humanisten löste er damit ein durchweg positives Echo aus. So betonte Erasmus, Luthers Reaktion gefalle ihm außerordentlich, verharrte dann aber doch in einer Distanz wahrenden Solidarität. Zustimmung kam auch von Crotus Rubeanus, Lazarus Spengler, Martin Bucer und Wolfgang Capito. Ulrich von Hutten warb in der Reichsritterschaft erfolgreich für Luther. Gerade auch das humanistische Interesse an der Wittenberger Reformbewegung, das diese in das eng geknüpfte Kommunikationsnetz der Humanisten einbezog, hat nicht unwesentlich zu einer raschen Verbreitung der Sache Luthers beigetragen.

Mit der Wahl Karls V. war die kuriale Rücksichtnahme auf Friedrich den Weisen gegenstandslos geworden. Allerdings ist zu diesem Zeitpunkt die Chance, die aufkeimende reformatorische Bewegung womöglich noch ersticken zu können, bereits vertan: die Reformation, könnte man sagen, von Rom ermöglicht aufgrund einer politischen Rücksichtnahme, die noch dazu den Nutzen, den sie erbringen sollte, verfehlt hat.

Die neue Entschlossenheit der Kurie, die Sache Luther zu einem Ende zu führen, mündet in die Bannandrohungsbulle, die am 15. Juni 1520 gegen Luther ergeht. Ihr Text atmet den Geist kirchenrechtlicher Vollstreckung: 41 Sätze Luthers werden angeführt, zum Teil in irreführender Verkürzung, und gelten damit ohne Widerlegung als verworfen. Sobald die Frist zum Widerruf verstrichen ist, werden alle kirchlichen und weltlichen Obrigkeiten verpflichtet sein, den Ketzer Luther zu verhaften und nach Rom auszuliefern. Zugleich bedrängt die Kurie den sächsischen Kurfürsten ultimativ, er möge von Luther einen Widerruf erzwingen.

Daraufhin erkundigt sich Friedrich der Weise bei Luther, was davon zu halten sei. Die Antwort, vor einer Verurteilung sei zuerst die Sachfrage, also die Wahrheitsfrage, zu klären, im Übrigen aber an der Forderung nach einem deutschen Verhandlungsort festzuhalten, macht sich der Kurfürst zu eigen. In diesem Sinne reagiert er auf das kuriale Ultimatum. Auch gelingt es ihm, zumindest für die zweite Forderung sich der Zustimmung Kaiser Karls V. zu versichern.

Zugleich bittet der Kurfürst aber auch Luther, er möge doch die von Rom inkriminierten Sätze seinerseits als schriftgemäß ausweisen. Luther leistet diesem verständlichen Ansinnen umgehend Folge mit seiner Schrift »Assertio omnium articulorum« sowie einer deutschsprachigen Parallelversion.[27] Dabei stellt er das hermeneutische Prinzip ins Zentrum, dass die Bibel ihr eigener Ausleger sei. Luther argumentiert scharfsinnig und nicht ohne Ironie: Wenn man, um die Bibel recht zu verstehen, die Autorität eines Kirchenlehrers benötige, etwa Augustins, so doch auch, um diesen zu verstehen, einen zweiten, für den einen dritten und so fort. Darum habe umgekehrt zu gelten: Die Bibel ist allein aus sich selbst recht zu verstehen, und alle Lehrer der Kirche schöpften aus ihr, sind darum auch an ihr, nicht aber sie an ihnen zu messen.

Im Oktober 1520, unmittelbar nachdem die Bannandrohungsbulle rechtskräftig bekannt gemacht worden war, kam es in Löwen und Köln zu öffentlichen Verbrennungen von Lutherschriften. Um der dadurch in der Öffentlichkeit hervorgerufenen Unsicherheit zu wehren, entschlossen sich Luther und Melanchthon zu einem entsprechenden Autodafé. Am 10. Dezember 1520 forderten sie die Studenten auf, zu einer »Verbrennung gottloser Bücher des päpstlichen Rechts« vor das östliche Stadttor zu kommen. Von andern unbemerkt, hat Luther dort auch sein Exemplar der Bannandrohungsbulle in die Flammen geworfen.

Doch Luther wollte diese weithin als Fanal empfundene Aktion nicht für sich selbst sprechen lassen. Am nächsten Morgen wandte er sich in eindringlichen, darum auch volkssprachlichen Worten an seine Studenten: Nun habe man sich zwischen dem Reich des Papstes und dem Reich Christi zu entscheiden. Sich auf die Seite Christi zu schlagen heiße indes, den Einsatz seines Lebens zu wagen. Zugleich erklärte sich Luther in einer Schrift auch öffentlich, »Warum des Papsts und seiner Jünger Bücher von Doct. Martino Luther verbrannt sind«.[28]

4. Konturen

Das komplizierte, vielschichtige Verfahren, das Rom in Gang gesetzt hatte, und die zahlreichen, damit zusammenhängenden Streitfronten dürfen nicht verdecken, dass Luther in jenen Jahren auch und vor allem *theologisch* gearbeitet hat: als Prediger, als Professor sowie als Autor einer ungewöhnlich reichen literarischen Produktion. In den drei Jahren, die dem Thesenanschlag (so es ihn gab) gefolgt sind, traten für Luther die Streitschriften immer mehr zurück, während er nun in einer Folge von etwa 20 deutschsprachigen Schriften der breiten Öffentlichkeit seine Auffassung der wichtigsten religiösen Themen bekannt machte: unpolemisch, geistlich konzentriert und elementar. Die Veröffentlichungen fanden reißenden Absatz; mehrere Druckereien in Wittenberg hatten Mühe, damit Schritt zu halten.

In dieser Schriftenfolge hat das Programm der reformatorischen Erneuerung recht eigentlich Gestalt gewonnen, nicht allein theologisch, sondern auch literarisch: »Diese literarische Produktion allein hätte Luther wohl zum wirksamsten Theologen, ja zum bedeutendsten deutschsprachigen Schriftsteller des 16. Jahrhunderts gemacht.«[29]

Zu den wichtigsten dieser gemeindeerbauenden Schriften zählten eine große Vaterunser-Auslegung sowie eine ganze Reihe von Sermonen: über den Stand der Ehe, über die rechte Vorbereitung aufs Sterben (damit die im späten Mittelalter hochgeschätzte Gattung der ars-moriendi-Literatur fortführend), über Sakramente, Kirchenbann und Messe, auch übrigens über das Thema des Wuchers.

Wichtig war nicht zuletzt das neue Verständnis von Kirche, das sich dabei herausgeschält hat. Entgegen der katholischen Identifikation von wahrer (geistlicher) und äußerer (leiblicher) Kirche wollte Luther sorgfältig unterschieden wissen: Die wesenhafte Einheit der Kirche galt ihm als eine geistliche, im Glauben ruhende Größe, während er die äußere Gestalt von Kirche den Formen des menschlichen und darum wandelbaren Rechts zurechnete. Die in der Tat äußerst drastische Etikettierung des Papstes als Antichrist war, wie man, ohne die sachliche Schwere des Anwurfs mildern zu wollen, feststellen muss, nicht einfach Ausfluss blinder Polemik, sondern das Resultat einer Interpretation der entsprechenden biblischen Texte. Ausschlaggebend war für Luther das im 2. Brief des Paulus an die Thessalonicher genannte Kriterium, wonach sich der Antichrist über alles, was Gott heißt, erhebe und sich selber als einen Gott ausgebe (2,4). Nicht anders, meinte Luther, sei zu verstehen, wenn der Papst sich allein die Entscheidung über Unheil und Heil eines Menschen anmaße oder, wie in seinem eigenen Fall, unkritisierbar über die Auslegung der Bibel zu entscheiden beanspruche. Dass die biblische Antichrist-Vorstellung diesen stets als eine Erscheinung der Endzeit gedeutet hat, war bei Luther ausdrücklich vorausgesetzt: Er stand in dem Bewusstsein, in der letzten Epoche der Heilsgeschichte zu leben.

Zu den drei reformatorischen Hauptwerken des Jahres 1520 zählt die Schrift »An den christlichen Adel deutscher Nation von des christlichen Standes Besserung«.[30] Sie steht zwar in der von humanistischer Kritik sowie den Reformwünschen der Reichsstände gegenüber der Kurie, den sogenannten Gravamina, gebahnten Spur, geht darüber aber noch um ein Deutliches hinaus, indem sie neben den Klagen über institutionelle Missgestalten der Kirche auch allgemeine geistliche Gebrechen einbezieht. Indem Luther den »christlichen Adel deutscher Nation« in die Pflicht nimmt, seine Verantwortung für die Christenheit selbständig wahrzunehmen, ist der erste Schritt in eine Richtung getan, die dann zu der bis heute prägend gebliebenen Struktur des Landeskirchentums geführt hat.

Luther ermuntert seine Adressaten, dass sie das der weltlichen Gewalt zustehende Recht, sich aktiv für eine Reformation der Christenheit einzusetzen, auch aktiv gebrauchten. Erst recht, da die römische Kirche ihre Verantwortung nicht wahrnehme und, wie Luther bildhaft hinzufügt, sich hinter einer dreifachen Mauer verschanze. Die erste Mauer bestehe in der kategorialen Unterscheidung von Priester- und Laienstand, da doch, nach biblisch-reformatorischer Auffassung, der geistliche Beruf nur ein besonderes Amt ist, nicht aber ein hervorgehobener Stand: *Alle* Christen, lehrt Luther, sind gleich unmittelbar zu Gott. Die zweite Mauer stelle sodann der päpstliche Anspruch auf oberste Lehrgewalt dar, durch den eine gedeihliche Entfaltung des Christenvolkes ebenfalls unterbunden werde. Nicht nur dem Papst, hält Luther entgegen, sondern allen Christen könne Gott das rechte Verstehen der Bibel ins Herz geben. Schließlich beklagt er als dritte Mauer den Anspruch, allein der Papst dürfe ein Konzil einberufen. Diesbezüglich appelliert er mit besonderem Nachdruck an den »christlichen

Adel deutscher Nation«, er möge, da Rom dazu nicht willens sei, aus eigenen Stücken für ein »recht frei Concilium« sorgen.

Aber Luther wiederholte oder verschärfte in seiner Adelsschrift nicht nur die gegen Rom sich richtende Kritik, sondern entwickelte daneben immer wieder auch positive Vorschläge, wie die kirchliche Praxis aus dem Geist der Bibel neu zu gestalten sei. Der Anklang, den das Büchlein sogleich fand, war enorm. Schon wenige Tage nach Erscheinen waren die 4000 Exemplare der ersten Auflage verkauft. Aufs Ganze gesehen ist von der Adelsschrift wohl die breiteste und bedeutendste Wirkung ausgegangen.

Die zweite der drei Hauptschriften ist die an das theologisch gebildete Publikum sich wendende, lateinische Schrift »De captivitate Babylonica ecclesiae praeludium«.[31] Als babylonische Gefangenschaft deutete Luther die Lehre und Praxis der Sakramente. Dass er, die Grundlinien seines neuen, biblisch fundierten Sakramentsverständnisses entwickelnd, an den Fundamenten des traditionellen kirchlichen Heilsverständnisses rüttelte, war ihm bewusst. Die sieben Sakramente der katholischen Kirche unterzog Luther einer kritischen Prüfung, die ihr Kriterium aus der Bibel schöpfte: Erst wenn sich dort eine Verbindung von Einsetzungswort und sichtbarem Zeichen aufweisen ließ, wollte er ein Sakrament als biblisch gelten lassen. So kam es, dass Luther die herkömmlichen Sakramente der Firmung, der Ehe, der Priesterweihe und der Letzten Ölung, in Einschränkung auch das der Buße, als unbiblisch ausmusterte. Noch gravierender war die Differenz jedoch in den beiden Sakramenten, die er, da auf biblisches Wort und Zeichen gegründet, bestehen ließ: Taufe und Abendmahl.

Die systemsprengende Kraft seiner Sakramentstheorie lässt sich kaum überschätzen, ganz zu schweigen von den praktischen Konsequenzen, die etwa die Messstiftungen sinnlos, darum viele Priester brotlos und überhaupt die Trennung von Klerus und Laien gegenstandslos machten. Zwar hatte Luther durchaus nicht unfromme Destruktion der Kirche, vielmehr deren urchristliche Erneuerung im Sinn. Dennoch zielte er damit auf den Lebensnerv der gängigen kirchlichen Praxis. Erasmus quittierte diese Schrift denn auch mit der Bemerkung, nun sei die Luthersache kaum noch zu heilen. Die theologische Fakultät der Universität Paris stellte sie wegen ihrer kapitalen Irrtümer gar auf eine Stufe mit dem Koran. Und der englische König Heinrich VIII. verfasste eine feurige Gegenschrift, worauf der Papst die englische Krone mit dem unverlierbaren Prädikat auszeichnete, »Defensor Fidei« zu sein, »Verteidiger des Glaubens«.

Die bekannteste der drei Hauptschriften von 1520 handelt »Von der Freiheit eines Christenmenschen«.[32] Das klingt modern, zumal in der thematischen Ausrichtung auf das Wort, das den auf Luther folgenden Jahrhunderten zu einem Leitbegriff geworden ist. Dennoch: Für die Vaterschaft des neuzeitlichen Freiheitsgedankens kommt Luther nicht ernstlich in Frage. Ihm lag allein daran, den paulinischen Ruf der Freiheit (Galater 5,1 u. 13) zu erneuern. So ist die Freiheit, die er im Blick hat, nicht als ein menschliches Vermögen, eine ontologische Verfasstheit gedacht, sondern als eine Freiheit, in die sich der Glaube an Christus versetzt sieht. Insofern geht es ihm auch nicht um eine allgemein menschliche, sondern um die christliche Freiheit.

Sein Anliegen fasst Luther eingangs in die bekannte Doppelthese zusammen: »Ein Christenmensch ist ein freier Herr über alle Ding und niemand Untertan. Ein Christenmensch ist ein dienstbar Knecht aller Ding und jedermann Untertan.« Diese beiden Sätze sind asymmetrisch aufeinander bezogen. Denn die Reihenfolge von der Freiheit zur Dienstbarkeit lässt sich keineswegs umkehren. Und während sich das Knecht-Sein auf das Verhältnis zu den anderen Menschen bezieht, gilt das Herr-Sein nur in Bezug auf die Dinge, nicht auf die Menschen. Die Dialektik von Herr und Knecht ist darum ebensowenig gemeint wie die von Seele und Leib. Vielmehr ist in beiden Sätzen vom *ganzen* Menschen die Rede: zuerst in seinem Verhältnis zu Gott, dann in dem zu den Menschen. Der Glaube, will Luther sagen, befreit den Menschen aus dem Zwang zur Selbstermächtigung und macht ihn darum frei zum Dienst an seinen Nächsten. Kurz: Der Mensch ist frei aus Glauben zur Liebe. Diese Freiheit hat ihren Ort zwischen Gott und Mensch, weshalb sie sich auch nicht zu einem menschlichen Handlungsbegriff säkularisieren lässt.

Genau besehen, ist die Freiheit, die Luther meint, die Freiheit des Gewissens, nun aber wiederum in exklusiv theologischem und darum gerade nicht neuzeitlichem Sinn. Für ihn ist die Gewissensfreiheit nicht etwa Ausdruck menschlicher Autonomie. Das Gewissen ist ihm darin frei, dass es sich in Gott gebunden und *darum* den Zumutungen anderer Machthaber enthoben weiß. »Aus dem allem«, resümiert Luther am Ende, »folgt der Beschluß, dass ein Christenmensch lebt nit in ihm selbst, sondern in Christo und seinem Nächsten; in Christo durch den Glauben, im Nächsten durch die Liebe. Durch den Glauben fähret er über sich in Gott, aus Gott fähret er wieder unter sich durch die Liebe und bleibt doch immer in Gott und göttlicher Liebe ... Siehe, das ist die rechte, geistliche, christliche Freiheit, die das Herz frei macht von allen Sünden, Gesetzen und Geboten, welche alle andere Freiheit übertrifft wie der Himmel die Erden. Welche geb uns Gott recht zu verstehen und zu behalten, Amen.«[33]

Den hierin sichtbar werdenden Grundzug reformatorischer Ethik einzuschärfen und einzuüben, wurde Luther nicht müde. Man muss sich den ganzen Horizont spätmittelalterlicher Beicht-, Fasten- und Lebensvorschriften in Erinnerung rufen, um abzuschätzen, welches Dickicht aus kirchlich aufgenötigter moralischer Selbstkontrolle er mit der Lehre durchbricht, dass es, um vor Gott Gnade zu finden, *allein* des Glaubens bedürfe. Wer allerdings meine, den reinen Glauben durch ein verdienstliches Werk noch überhöhen zu können, gleiche darin »dem Hund, der ein Stück Fleisch im Mund trug und nach dem Schemen [Spiegelbild] im Wasser schnappte, damit Fleisch und Schemen verlor«.[34] Dass man allein aus Glauben könne selig werden, lässt Luther in den lapidaren Satz münden: »Glaubst du, so hast du; glaubst du nicht, so hast du nicht.«[35]

Da nun aber der Glaube für eine intakte Gottesbeziehung bereits hinreichend ist, müssen die eigenen Taten nicht länger auf die Frage des eigenen Seelenheils fixiert bleiben, können vielmehr in uneigennütziger Liebe den andern zugut geschehen, »dieweil ein jeglicher für sich selbst genug hat an seinem Glauben und alle anderen Werke und Leben ihm übrig sind, seinem Nächsten damit aus freier Liebe zu dienen«.[36]

Entsprechend hatte Luther bereits Anfang 1520 »Von den guten Werken«[37] gehandelt. Hier kleidete er seine Überlegungen zu christlicher Ethik in die Gestalt einer Auslegung der Zehn Gebote. Allein der Glaube, stellt er einleitend fest, ist zu einer Erfüllung des ersten Gebots imstande. Wenn aber der Glaube sich ohne jedes verdienstliche Werk von Gott angenommen weiß, brauchen seine Lebensäußerungen nicht länger auf das zu erlangende Gottesheil spekulieren, sondern sehen sich dazu befreit, als selbstverständliche Konkretionen des Gottvertrauens Gutes zu wirken. In dieser Linie, nämlich als Einübung in ein Leben aus Glauben, legt Luther dann auch die übrigen neun Gebote aus.

5. »Hier stehe ich ...«

Dass Luther vor den Wormser Reichstag zitiert wurde, ist das Ergebnis eines vielschichtigen, hochkomplexen und schwer zu durchschauenden kirchenpolitischen Kräftespiels. Schließlich musste der streitbare Professor aus Wittenberg seit November 1520 definitiv als Häretiker gelten. Ihm kam zugute, dass der sächsische Kurfürst, wenn auch nicht selber der reformatorischen Lehre anhängend, doch beharrlich und am Ende erfolgreich auf mehr Rechtlichkeit im Verfahren gegen Luther gedrängt hat. Und Karl V., der junge Kaiser, versuchte sich in dem schwierigen Balanceakt, der im Reich aufkeimenden Kritik an der römischen Rechtspraxis gerecht zu werden, ohne dadurch der kurialen Jurisdiktion den Gehorsam, den diese als einen notwendigen Bestandteil römisch-katholischer Rechtgläubigkeit ausgab, zu verweigern. Gleichwohl sollte man sich der historischen Relationen erinnern: Als Karl V. im Januar 1521 in Worms seinen ersten Reichstag eröffnete, zählte der Fall Luther durchaus nicht zu den großen Beratungsthemen.

Am 13. Februar erfährt dann der Kaiser, dass die Exkommunikation Luthers rechtswirksam erfolgt ist. Er reagiert darauf mit der Anweisung, man möge den Ketzer verhaften und ausliefern, seine Schriften umgehend vernichten. Doch die Reichsstände stellen sich quer: Sie fordern ein unparteiliches Verhör Luthers, zu dem dieser unter der Zusage sicheren Geleits zu bestellen sei. Schließlich lässt der Kaiser am 6. März ein Vorladungsschreiben an Luther ausgehen, das – ungeachtet aller Proteste, die Aleander, der kuriale Gesandte, vorbringt – auch einen Geleitbrief für die An- und Rückreise umfasst. Die eigentlich vorgesehene sofortige Vernichtung von Luthers Schriften mildert er dahin ab, dass man dieselben lediglich den Obrigkeiten auszuliefern habe.

Ohne Zögern folgte Luther dem Ruf des Kaisers. Noch dazu, wo es im Vorladungsschreiben irreführend hieß, man wolle von ihm »Erkundigungen einholen seiner Lehren und Bücher halben«. Die Fahrt nach Worms, bequem zurückgelegt in einer Kutsche aus dem Fuhrpark der Stadt, gerät zum Triumphzug. Allenthalben schlägt ihm öffentliches Interes-

Abb. 7: Luther auf dem Reichstag zu Worms am 17. April 1521.

se und Wohlwollen sowie obrigkeitliche Ehrung entgegen. In Leipzig begrüßt ihn der Magistrat mit einem Ehrentrunk Wein, und in Erfurt empfängt ihn der Rektor der Universität bereits an der Stadtgrenze mit großem Gepränge, als gelte es, einen Fürsten zu ehren. Hier in Erfurt predigt Luther auch in der lebensbedrohend überfüllten Kirche seines Ordens; als das Ächzen der hölzernen Empore eine Panik auslöst, kann er geistesgegenwärtig jeden Schaden abwenden: Man möge stille stehen, ruft er in die Menge, nichts Übles werde geschehen, es habe sie nur der Teufel erschrecken wollen.

Am 16. April zieht Luther, von 2000 Schaulustigen begrüßt, in die Stadt des Reichstags ein. Gleich am folgenden Tag beginnt das Verhör vor Kaiser und Reich. Der Offizial des Trierer Erzbischofs, Johannes von der Ecken, stellt ihm zwei Fragen: Ob er sich zu seinen Schriften bekenne, von denen über 20 vor ihm aufgelegt waren. Und ob er, zweitens, deren Inhalt zu widerrufen bereit sei. Die erste Frage beantwortet Luther mit einem klaren Ja, doch für die zweite erbittet er Bedenkzeit – wohl nicht, weil er schwankend geworden wäre, sondern weil er, das Vorladungsschreiben beim Wort nehmend, bloße »Erkundigungen« erwartet hatte. Und dennoch: Konnte Luther wirklich überrascht sein von der unumwundenen Forderung nach Widerruf?

Nach vierundzwanzig Stunden fand das Verhör in einem größeren, dicht gefüllten Raum seinen Fortgang. Der Offizial wiederholte seine Fragen. Luther gab ihm zur Antwort, seine Schriften ließen sich in drei Gattungen unterscheiden: die erbaulichen Schriften, die selbst von seinen Gegnern geschätzt würden; ferner die Schriften gegen das Papsttum, in denen er der römischen Kirche zum Vorwurf mache, dass sie durch geistlichen Zwang die Gewissen der Gläubigen quäle; schließlich die Schriften gegen einzelne Verteidiger der römischen Sache, in denen er mitunter heftiger gewesen sei, als es »dem christlichen Wesen und Stand geziemt«. Was aber den Sachgehalt angehe, so könne er für keine der drei Gruppen einen Widerruf leisten. Erst wenn der Kaiser oder ein anderer aus den Anwesenden ihn seiner angeblichen Irrtümer aus der Heiligen Schrift überführen könne, würde er widerrufen.

Der Offizial konterte mit dem klassisch gewordenen Vorwurf, Luther fröne einem unzulässigen Subjektivismus: In seinem Verhalten, insbesondere aber dem Verlangen, aus der Bibel eines Besseren belehrt zu werden, offenbare sich die Eigensinnigkeit eines Häretikers, der die Schrift nach seinem eigenen Sinn auslegen wolle. Die Gegenrede gipfelte in der Aufforderung, Luther möge nun in kurzen Worten sagen, ob er widerrufen wolle oder nicht.

Als Schlussvotum vor Kaiser und Reichsständen fasste Luther daraufhin seine Position noch einmal bündig zusammen: »Wenn ich nicht durch Schriftzeugnisse oder einen klaren Vernunftgrund widerlegt werde – denn dem Papst oder den Konzilien allein glaube ich nicht, da sie offenkundig häufig geirrt und sich auch selbst widersprochen haben –, so bin ich durch die von mir angeführten Schriftworte bezwungen, und mein Gewissen ist in den Worten Gottes gefangen. So kann und will ich nichts widerrufen, weil es gefährlich und verderblich ist, etwas gegen das Gewissen zu tun. Gott helfe mir, Amen.«[38]

An das Verhör vor dem Kaiser schlossen sich separate Verhandlungen mit den Ständen an. Aber auch sie brachten keine Annäherung. Schließlich fragte der Trierer Erzbischof persönlich, was denn nun Luther zur Vermittlung vorschlagen könne. Luther antwortete ihm, Kaiser und Reich sollten in seiner Angelegenheit mit dem Rat des Gamaliel beim Papst vorstellig werden. Gamaliel aber hatte empfohlen: »Ist der Rat oder das Werk aus den Menschen, so wird's untergehen; ist's aber aus Gott, so könnet ihr's nicht dämpfen« (Apostelgeschichte 5,38 f.).

Nach zehn Tagen, am 26. April, tritt Luther die Rückreise an. Der Plan des Kurfürsten, ihn auf einer seiner Burgen in Sicherheit zu bringen, ist Luther kurz vorher mitgeteilt worden und fand nach Zögern seine Billigung. So wurde sein Wagen am 4. Mai überfallen und er selbst, von den Begleitern getrennt, auf die Wartburg gebracht. Schnell entstand das Gerücht, Luther sei gewaltsam zu Tode gekommen. Um so heller mussten dann die Berichte von seinem mutigen Auftreten vor dem Kaiser erstrahlen, die man allenthalben lesen und hören konnte. Die Verhandlungen selbst fanden ihren Abschluss im »Wormser Edikt«: Über Luther wurde die Reichsacht verfügt, seine Bücher sollten vernichtet und für das ganze Reichsgebiet eine Zensur religiöser Schriften eingeführt werden. Wenn die Anordnungen des Wormser Edikts auch nicht in dieser Form durchsetzbar waren, so hatten sie doch bis 1555 als Rechtsinstrument der kaiserlichen Religionspolitik ihre nicht zu unterschätzende Bedeutung. –

Luther in Worms: Das ist, aufs Ganze gesehen, einer der wenigen Fälle, in denen eine kirchengeschichtliche Schlüsselszene zugleich einen Höhepunkt der Weltgeschichte darstellt. Nicht nur die theologische Rezeption, auch die allgemeine, nicht selten volkstümlich domestizierte Wirkungsgeschichte dieser Szene blieb stets von dem Bewusstsein begleitet, darin eine Epochenschwelle markiert zu sehen.

Zu einer geradezu sprichwörtlichen Beliebtheit hat es dabei der letzte Satz gebracht, den Luther vor Kaiser und Reichsständen sprach: »Hier stehe ich, ich kann nicht anders, Gott helfe mir, Amen.« Die Wendung »Gotte helfe mir, Amen« ist ein bei Luther durchaus üblicher Redeschluss; mit ihr pflegte er auch seine Predigten zu beenden. Dagegen findet sich der Satzteil »Hier stehe ich, ich kann nicht anders«

erst in sehr späten Abschriften der Wormser Rede. Wenn also auch wohl nachträglich erdichtet, passt die erfundene Wendung doch sehr genau zum Tenor der Rede. »Hier stehe ich, ich kann nicht anders«: In simplifizierter Schlichtheit kommt darin zum Ausdruck, was Luther mit seinem wiederholten Verweisen auf das *Gewissen* gemeint hat.

Der vom Offizial erhobene und bis heute oft – selbst von Karl Barth – erneuerte Vorwurf, Luthers Theologie sei subjektivistisch verzerrt, bringt haargenau die mittelalterliche Lehre vom Gewissen zum Ausdruck. Galt doch der Scholastik das Gewissen als eine Richtschnur des Handelns, die zwar in der prinzipiellen Ausrichtung aufs Gute unfehlbar ist, in der konkreten Anwendung aber durchaus irren kann. Solchem Fall springt die Kirche zu Hilfe, der sich ein irrendes Gewissen getrost anvertrauen sollte. »Leg dein Gewissen nieder, Martinus!«, riet darum Johannes von der Ecken in Worms. Erst wer sich dieser Gewissenspflicht, dem Ruf der Kirche folgend sein irrendes Gewissen abzulegen, entzieht, macht sich definitiv zum Ketzer.

Demgegenüber pochte Luther, alleingelassen vor Kaiser und Reich, auf sein Gewissen. Eben dies aber: seinem Gewissen unbedingt folgen, ist ein Akt höchster Freiheit. Bezeichnenderweise ist auch die Wendung »Freiheit des Gewissens« von Luther geprägt worden.[39] Entscheidend bleibt freilich, dass Luther damit nicht etwa eine absolute innere Autonomie des Menschen meint, erst recht nicht einen unbedingten Rechtsanspruch. Was er im Blick hat, ist, scheinbar paradox, dies: Sein Gewissen ist darin frei, dass es gefangen liegt in Gottes Wort.

Hieran mag deutlich werden, dass Luther das Gewissen – darin von Mittelalter *und* Neuzeit unterschieden! – nicht als ein moralisches, sondern als ein theologisches Phänomen begreift. In der Gewissensfreiheit geht es denn auch keineswegs bloß um die Freiheit zu eigenen *Taten*, sondern um die Freiheit der eigenen *Person*. Insofern steht im Gewissen das Urteil über das *Sein* des Menschen auf dem Spiel.

Für Luther ist klar: Kein Mensch ist seiner selbst mächtig. Vielmehr sind wir einem fortwährenden Kampf der Daseinsmächte ausgesetzt, sind wir Menschen »zwischen Gott und Teufel«.[40] Erst wer sich in Gott gebunden weiß, erfährt sich als von allen widergöttlichen Mächten befreit. Zu ihnen zählt Luther nicht nur den Teufel, sondern auch alles Menschliche, das darin teuflisch ist, dass es sich Gott entgegenstellt. Auch der Papst gilt ihm insofern als eine widergöttliche, die Gewissen gefangen haltende Macht.

Im Angesicht des Kaisers der ganzen Kirche zu trotzen: Das ist in der Tat ein Akt höchster Freiheit! Zu solcher Freiheit sah sich Luther ermächtigt, weil er sich gebunden wusste in Gott. Der Vorwurf subjektivistischer Verzerrung trifft, auf Luther zielend, ins Leere, weil er die Wahrheitsfrage, um die es Luther zu tun war, beharrlich suspendiert. Erst wenn er aus biblischer *Wahrheit* widerlegt sei, wolle und könne er widerrufen. Nicht ein egomanisches Verabsolutieren eigener Ideen, sondern an der Erkenntnis der Wahrheit des Wortes Gottes unbedingt festzuhalten, war sein Motiv.

Gegen jeden Verdacht subjektivistischer Egomanie ist darum an die eindringliche Mahnung zu erinnern, die Luther 1522 »allen Christen« ins Stammbuch schrieb: »Zum ersten bitt ich, man wollt meines Namens geschweigen und sich nit lutherisch sondern Christen nennen. Was ist Luther? Ist doch die Lehre nit mein. So bin ich auch für niemand gekreuzigt ... Wie käme denn ich armer stinkender Madensack dazu, dass man die Kinder Christi sollt mit meinem heillosen Namen nennen? ... Ich bin und will keines Meister sein. Ich habe mit der Gemeinde die einige gemeine Lehre Christi, der allein unser Meister ist.«[41]

IV. ENTFALTUNG (1521-1530)

1. Die Bibelübersetzung

Zehn Monate lang blieb Luther der Welt entzogen. Nur engste Freunde wussten von seinem Exil auf der Wartburg. Der anfängliche Stubenarrest wurde ihm erst erlassen, als sich der geschorene und glattrasierte Mönch durch krauses Haar, dunklen Bart und ritterliche Kleidung in den »Junker Jörg« verwandelt hatte. So lebte er in völliger Zurückgezogenheit und Einsamkeit: »Im Reich der Luft«, »Im Reich der Vögel«, hat er seine ersten Briefe datiert – der treue Spalatin hatte schon nach wenigen Tagen einen diskreten Kurierdienst organisiert. Von Krankheiten und Anfechtungen überschattet, ist ihm die erzwungene Muße – von »Luthers Patmos« spricht Goethe einmal (28.9.1777 an Kestner) – dennoch sauer geworden. Anfang Dezember 1521 brach er für ein paar Tage aus und reiste heimlich nach Wittenberg. In der populären Luther-Biographie ist diese Episode gern hervorgehoben worden, zumal jene bildkräftige Szene im »Schwarzen Bären« bei Jena, wo sich der fremde Junker der Wirtsgesellschaft dadurch verriet, dass er – ganz standeswidrig! – im hebräischen Psalter las, anstatt am Stammtisch mitzuhalten. Welche Schreckensnachrichten ihn zu seinem kurzen Ausflug nach Wittenberg veranlasst hatten, wissen wir nicht. Jedenfalls machte sich Luther ein Vergnügen daraus, wenn ihn die Freunde nicht erkannten: Auch Lukas Cranach, den man gerufen hatte, den fremden Ritter zu malen, und dem wir die einzige Darstellung des »Junker Jörg« verdanken, erkannte ihn nicht.

Durch intensive Arbeit suchte Luther auf der Wartburg die Schwermut zu vertreiben. Er vertiefte sich darein, die Bibel in den Ursprachen (hebräisch und griechisch) zu studieren, und verfasste eine Reihe wichtig gewordener Schriften. Neben einer Auslegung des Magnifikat und einer gegen Latomus, den Verteidiger der Löwener Lehrverurteilung, gerichteten Kampfschrift ist vor allem die grundlegende Abhandlung über die Mönchsgelübde (»De votis monasticis iudicium«)[42] zu nennen, die mit ihrer Absage an die bindende Kraft der Gelübde alsbald weitreichende praktische Folgen zeitigte: Der Exodus aus den Klöstern begann. Der Schrift war ein Widmungsbrief an den Vater vorangestellt, der einst den Eintritt des ältesten Sohnes in den Mönchsstand heftig missbilligt hatte. Große Wirkung ging insbesondere von Luthers Arbeit an einer Postille aus (»Wartburgpostille«), die für unzureichend ausgebildete evangelische Pfarrer eine Sammlung von Musterpredigten bereitstellen wollte und die Luther später einmal das beste unter allen seinen Büchern genannt hat.

Das alles steht freilich im Schatten einer anderen Arbeit: der Übersetzung des Neuen Testaments. In elf Wochen war das Werk getan, mit dem Luther zugleich die wichtigste Grundlage evangelischer Frömmigkeit und reformatorischen Gemeindeaufbaus gelegt hatte. Zwar hatte es auch schon vor Luther deutsche Bibeln gegeben: 72 (Teil-)Über-

1. Die Bibelübersetzung

setzungen sind bislang gezählt worden. Sie alle treten aber, sachlich wie sprachlich, weit hinter Luthers Übersetzung zurück.

Luthers Neues Testament kam im September 1522 (»Septembertestament«) in 3000 Exemplaren heraus und war trotz des respektablen Preises von eineinhalb Gulden binnen weniger Tage vergriffen. Herzog Georg hatte es in Sachsen sogleich verbieten lassen, und sein Hoftheologe Hieronymus Emser sekundierte pflichtschuldigst mit heftiger Kritik an Luthers Übersetzungsarbeit, was ihn jedoch nicht daran hinderte, eine nur zum kleinsten Teil veränderte Version derselben unter eigenem Namen und unter ausdrücklicher Billigung Herzog Georgs herauszugeben. Der Betrogene nahm es als eine sublime Ironie der Geschichte: »Des Luthers Buch wird ohne Luthers Namen, unter seiner Feinde Namen gelesen: Wie könnte ich mich besser rächen?«[43]

Zwischen 1522 und 1533 hat Luthers Neues Testament 85 Auflagen erlebt. Die Arbeit an der Übersetzung des Alten Testaments, die Luther gleich nach 1522 und unter Heranziehung etlicher Mitarbeiter anging, kam 1534 in der ersten vollständigen Lutherbibel zu ihrem Ziel. Von dieser »Biblia, das ist die gantze Heilige Schrifft Deudsch« soll die Wittenberger Druckerei des Hans Lufft in 50 Jahren etwa 100 000 Exemplare verkauft haben; die Zahl der auswärtigen Nach- bzw. Raubdrucke entzieht sich jeder Kontrolle. Seit 1531 war überdies eine von Luther geleitete Revisionskommission tätig, die den Text seiner Deutschen Bibel fortlaufend besserte und von deren Sitzungen wir uns durch manche erhaltenen Protokolle ein Bild machen können.

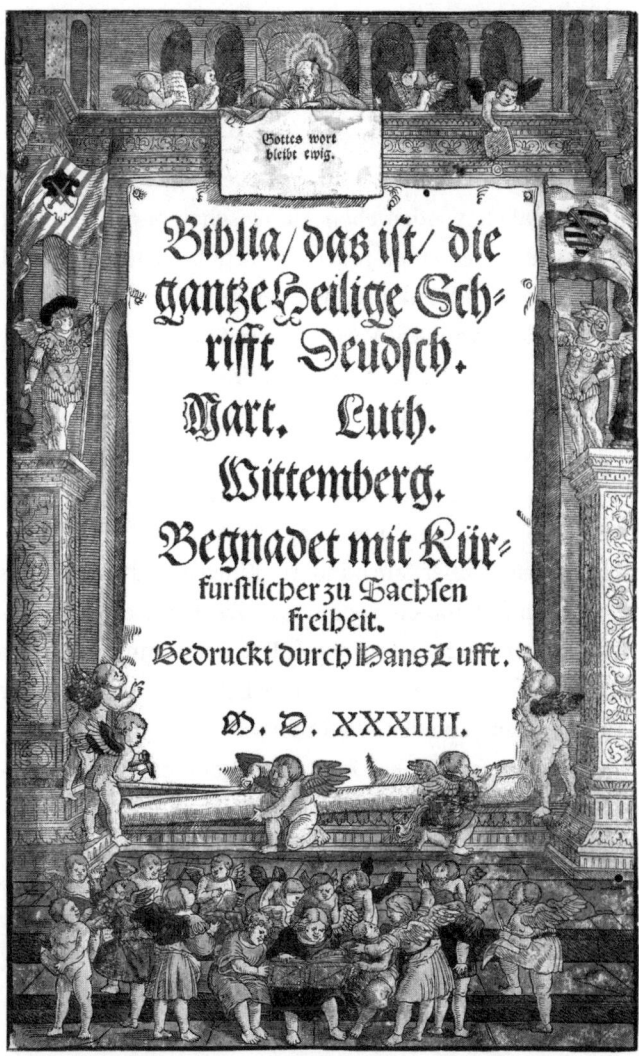

Abb. 8: Titelholzschnitt aus der Cranach-Werkstatt in Wittenberg, Hans Lufft, 1534.

Das Neue Testament, das Luther auf der Wartburg ins Deutsche übertrug, kann als ein großer Wurf gelten, dessen Genialität, wie es scheint, durch manche spätere Selbstkorrektur eher verloren hat. Dazu gehört nicht zuletzt die souveräne Freiheit, in der Luther dasselbe griechische Wort unterschiedlich wiedergeben kann: scheinbar willkürlich, in Wahrheit aber einer präzisen Sachüberlegung folgend. Solche filigranen Strukturen werden selbstverständlich zerstört, sobald man diese Variationsbreite durch mechanisch angewandte Übertragungsregeln nivelliert, als könne *einer* griechischen Vokabel immer nur *ein und dieselbe* deutsche entsprechen.[44]

Aufs Ganze gesehen, hat Luthers Bibelübersetzung die deutsche Sprache in ihrer alltäglichen wie in ihrer literarischen Gestalt über Jahrhunderte hinweg und bis weit ins 20. Jahrhundert hinein beeinflusst. Zwar hat er das Neuhochdeutsche nicht, wie gelegentlich noch immer zu lesen ist, geschaffen, es aber doch erheblich geprägt und seine Etablierung entscheidend befördert.

So ist Luthers »Biblia Deudsch« eigentlich zu seinem literarischen und theologischen Hauptwerk geworden. Übrigens hat er die Arbeit, die dazu nötig war, nie »übersetzen«, sondern immer nur »dolmetschen« genannt. In dieser sensiblen sprachlichen Differenzierung drückt sich aus, daß er seine Tätigkeit nicht als eine mechanische, einlinige Bewegung aus der Ur- in die Muttersprache ansah (»über-setzen«), sondern als ein fortwährendes Hin und Her, das sich mit der deutschsprachigen Wiedergabe immer auch für die Optimierung des Verstehens verantwortlich wusste. Über diese Arbeit hat Luther öfter reflektierende Rechenschaft abgelegt, nicht zuletzt in seinem viel genannten »Sendbrief vom Dolmetschen«.[45]

Luther plädiert zunächst nachdrücklich für die Freiheit vom Buchstaben: »Nicht der Sinn den Worten, sondern die Worte dem Sinn dienen und folgen sollen«. Oft hätten er und seine Freunde wochenlang nach einem einzigen Ausdruck gesucht. Dabei hat er gerade für die Besonderheiten des Deutschen ein feines Gespür, und »die Art unserer deutschen Sprache« wird ihm zum Prüfstein jedes Übersetzungsproblems: »Lieber, wie redet der deutsche Mann in solchem Fall?« Hierher gehört auch jene klassische Passage, die man inzwischen zu der sprichwörtlichen Wendung »Dem Volk aufs Maul schauen« verdichtet hat: »Man muss nicht die Buchstaben in der lateinischen Sprache fragen, wie man soll deutsch reden, wie diese Esel tun, sondern man muss die Mutter im Hause, die Kinder auf der Gasse, den gemeinen Mann auf dem Markt drum fragen und denselbigen auf das Maul sehen, wie sie reden, und danach dolmetschen, so verstehen sie es denn und merken, dass man deutsch mit ihnen redet.«

Damit ist nun freilich nichts weniger gemeint als eine Plebejisierung der Muttersprache. Nicht um grobianisches, sondern um kompetentes Deutsch ist ihm zu tun! Denn die Mutter, die Kinder und der gemeine Mann werden ja gleichsam in ihren originären Sprechsituationen aufgesucht: im Haushalt die Mutter, beim gemeinsamen Spiel die Kinder sowie die Männer beim tagespolitischen Schwatz auf dem Markt. Weshalb denn auch das »aufs Maul sehen« nicht zu möglichst ordinärem, sondern zu möglichst treffendem Deutsch führen soll.

Um jeweils den treffenden Ausdruck zu finden, nahm Luther manche Mühe auf sich. Für die alttestamentliche Beschreibung von Edelsteinen ließ er sich in der kurfürstlichen Schatzkammer lexische Nachhilfe erteilen. Und um die detaillierte Schilderung eines Tieropfers wiedergeben zu können, holte er sich vom Wittenberger Fleischer, der dafür eigens ein Schaf schlachten musste, Belehrung. Im Übrigen ist es vor allem die konsequente Ausrichtung auf mündliche Rede, die Luthers Deutsch so hörerbezogen sein lässt. Zu der viel gerühmten Schönheit seiner Sprache gehört darum, dass man sie nicht nur liest, sondern spricht: »Natura verbi est audiri« – »das Wesen des Wortes ist, gehört zu werden.«[46]

Für die Plausibilität einer Dolmetschung, die gerade in der Freiheit vom Buchstaben den gemeinten Sinn zu bewahren weiß, finden sich bei Luther unzählige Beispiele. So hat er etwa die holprig-korrekte Wiedergabe des Grußes, mit dem der Engel bei Maria eintritt, durch »voll Gnade« (»gratia plena«) herzlich verspottet: das klinge wie »ein Faß voll Bier, ein Beutel voll Geldes«. »Du Gnadenreiche«, schlägt er stattdessen vor. Noch lieber wäre ihm, er könnte ganz frei übersetzen »Du liebe Maria«, doch gibt er sich feinsinnig genug, davon aus Rücksicht auf seine altgläubigen Gegner Abstand zu nehmen: »Ich halt, sie sollten sich wohl selber erhängt haben vor großer Andacht zu der lieben Maria, dass ich den Gruß so zunichte gemacht hätte.«

Inmitten aller Polemik wird deutlich: Für Luther heißt Übersetzen immer auch Auslegen. Darum steht für ihn außer Frage, dass die sprachliche Kompetenz des Dolmetschers stets eine Kompetenz in sachlicher Hinsicht zur Voraussetzung hat.

Gleichwohl sieht sich der Grundsatz, die Worte hätten dem Sinn zu dienen, bei Luther durch die gegenläufige Regel begrenzt. Es gebe Fälle, meint er, die ein unbedingtes Festhalten am Wortlaut der Ursprache erfordern; in solchen Fällen müsse man »eher der deutschen Sprache abbrechen denn von dem Wort weichen«. Das Problem ergab sich besonders bei hebräischen Wendungen des Alten Testaments, die im Deutschen keine Entsprechung haben. Immer wieder behalf sich Luther dann mit Hebraismen, die daraufhin nicht selten auch in den allgemeinen deutschen Sprachbestand eingeflossen sind.

Wie steht es nun aber um das Verhältnis beider Regeln zueinander? Wann der einen zu folgen sei und wann der andern, dafür nannte Luther niemals eine mechanische Applikationsregel, sondern immer nur konkrete, einzelne Beispiele. Woraus erhellt, dass die beiden Prinzipien von Luthers Dolmetschung – Freiheit vom Buchstaben und Treue zum Buchstaben – den Charakter von »Kunstregeln« haben: Sie setzen notwendig das Talent voraus, im Einzelfall von der richtigen Regel den richtigen Gebrauch zu machen. Luther nennt denn auch das Dolmetschen ausdrücklich eine »Kunst«, die nicht jedem gegeben sei. Sachliche Kompetenz sei freilich nötig, weshalb die Bibel, die doch den christlichen Glauben betreffe, nur von einem »christlichen Herzen« recht übersetzt werden könne. Und doch ist damit nur erst die notwendige, noch nicht die hinreichende Bedingung genannt: Erst wenn beides – Glaube *und* Talent – zusammenkommt, kann die Kunst des Dolmetschens gelingen.

Dass er selbst diese Kunst beherrsche, daran zweifelte Luther keinen Augenblick. Der Erfolg, das wusste er, gab ihm Recht. Stolz wischt er darum alle Kritik beiseite, die ihm von Altgläubigen zu Ohren kommt: »Ich will die Papisten nicht zu Richtern leiden, denn sie haben noch zur Zeit zu lange Ohren dazu, und ihr I-a, I-a ist zu schwach, mein Dolmetschen zu beurteilen.« Da er seine Kritiker allesamt für unfähig hält, muss ihm die eigene Kunst desto höher erscheinen. Und das liest sich so:

»Wir wollen nicht der Papisten Schüler noch Jünger, sondern ihre Meister und Richter sein. Wollen auch einmal stolzieren und pochen mit den Eselsköpfen, und wie Paulus wider seine tollen Heiligen sich rühmet, so will ich mich auch wider diese meine Esel rühmen. Sie sind Doctores? Ich auch. Sie sind gelehrt? Ich auch. Sie sind Prediger? Ich auch. Sie sind Theologen? Ich auch. Sie sind Disputatores? Ich auch. Sie sind Philosophen? Ich auch. Sie sind Dialektiker? Ich auch. Sie sind Legenten? Ich auch. Sie schreiben Bücher? Ich auch. Und will weiter rühmen: Ich kann Psalmen und Propheten auslegen, das können sie nicht. Ich kann dolmetschen, das können sie nicht. Ich kann die Heilige Schrift lesen, das können sie nicht. Ich kann beten, das können sie nicht. Und dass ich herunterkomme: Ich kann ihre eigen Dialectica und Philosophia besser denn sie selbst allesamt. Und weiß dazu fürwahr, dass ihrer keiner ihren Aristoteles verstehet.«[47]

Man sollte derlei hochgemute Äußerungen nicht nur als eitle Selbstgefälligkeit abtun, sondern auch das andere ernst nehmen: »Ich hab's zu Dienst getan den lieben Christen und zu Ehren einem, der droben sitzet.«[48] Das beides fügt sich zu dem unverkrampften Bewusstsein, mit der Bibelübersetzung etwas unverwechselbar Eigenes geschaffen zu haben und es doch allein Gott, der die Talente vergibt, zu verdanken.

Dennoch klingt es am Ende nach übertriebener und unaufrichtiger Bescheidenheit, wenn Luther 1530, als die ungeheure Resonanz seiner Bibelübersetzung längst zu sehen war, seiner Erinnerung an die Gnade Gottes, der er alles verdanke, hinzufügt, er sei »allzu reichlich belohnt, wo mich nur ein einziger Christ für einen treuen Arbeiter erkennet«.[49]

2. Neuordnung der Kirche

In der Geschichte der von Luther inaugurierten theologischen Erneuerung markiert das unfreiwillige Exil auf der Wartburg die erste deutliche Zäsur. Hier spätestens zeigte sich: Was Luther ins Rollen gebracht hatte, war inzwischen so weit selbständig geworden, dass es auch ohne ihn seinen Fortgang nahm. Die Frage war nur: seinen Fortgang – wohin?

Luther war sich der ungeheuren Verantwortung, die auf ihm ruhte, bewusst. In atemberaubender und nicht zuletzt ihn selbst überraschender Geschwindigkeit hatte sich fast das gesamte kirchen- und frömmigkeitskritische Bewusstsein, das in Deutschland längst und in vielerlei Gestalt erwachsen war, dem Protest Luthers, ja sogar seinem – Programm gewordenen – Namen zugeordnet. Nun aber kam es darauf an, dieses kritische Potential in eine konstruktive Gestaltungskraft umzuformen, die dem Anspruch des neuen Glaubens, in Wahrheit der rechte, alte Glaube zu sein, eine sichtbare und glaubwürdige Lebensgestalt geben und darin Re-Formation sein könnte in des Wortes ureigenem Sinn. Dass Luther die Last solcher Verantwortung ohne Zögern auf sich nimmt und also fortan in mühevoller und zumal in ungezählten Detailproblemen sich verdichtender, zermürbender Aufbauarbeit seine Kräfte verzehrt: Das vor allem ist es, was erst eigentlich seine Größe ausmacht und zugleich der Sache, für die er steht, ihre bleibende historische Bedeutung gesichert hat.

In Wittenberg war es 1522 zu Turbulenzen gekommen, nicht zuletzt unter dem Eindruck, den die »Zwickauer Propheten«, eine Gruppe auswärtiger Hitzköpfe, in der Stadt gemacht hatten. Luther reagierte zunächst nur in schriftlicher Form: Seine »Treue Vermahnung zu allen Christen, sich zu hüten vor Aufruhr und Empörung«,[50] sollte die erregten Gemüter beruhigen.

Doch der Reformeifer schoss allenthalben ins Kraut. Unter Führung von Karlstadt drängte man zur Tat, berauscht vom Gedanken an die Epochenschwelle, die zu überschreiten man mit Hilfe einiger kräftiger Änderungen der kirchlichen Praxis im Begriff zu sein glaubte. Die Ordnung der Messe wurde radikal geändert, die Sakramentspraxis empfindlich modifiziert, Altäre und Heiligenbilder demontiert oder, aufs Ganze gehend, gleich demoliert. Dem Wittenberger Magistrat, der anfangs den Versuch, eine »reformatorische Ordnung« zu errichten, mit viel Sympathie unterstützt hatte, war schon bald jede Kontrolle entglitten: Längst war er nicht mehr Herr der Situation.

Abb. 9: *Austeilung des Abendmahls in beiderlei Gestalt durch Luther und Hus. Cranach-Werkstatt, Holzschnitt, um 1550 (Ausschnitt).*

Schließlich kehrte Luther zurück. Der Kurfürst hatte ihm abgeraten, aus aufrichtig empfundener Sorge um ihn und weil er der Last, ihn gegen Papst und Kaiser zu schützen, nicht länger sich gewachsen fühlte. Dennoch kam Luther Anfang März 1522 nach Wittenberg und nahm dort sogleich sein öffentliches Predigtamt wieder auf. Acht Tage lang, vom 9. bis 16. März, ergreift er täglich auf der Kanzel das Wort. Binnen einer Woche gelingt es ihm, den blindwütigen Bildersturm zu stoppen und die fieberhaft erhitzten Gemüter zu besänftigen. Dieser durchschlagende Erfolg der Predigtreihe, die man nach dem Namen des Sonntags, an dem sie begann, »Invokavitpredigten« zu nennen pflegt und deren suggestive Kraft man selbst noch den Nachschriften, die sich erhalten haben, abspüren kann, lässt zugleich ein wesentliches, vielleicht sogar das für den historischen Erfolg ausschlaggebende Prinzip von Luthers reformatorischer Entfaltung anschaulich werden: non vi, sed verbo – nicht mit Gewalt, sondern allein durch das Wort. Mit den Invokavitpredigten beginnt der reformatorische Gemeindeaufbau.

Paradigmatisch stehen die Invokavitpredigten für die – längst nicht immer erreichte – Absicht Luthers, durch die Kraft des gesprochenen Wortes zu ändern und zu bewegen: nicht den Glauben allein, sondern auch das Leben. Insofern stellen sie vielleicht das eindrücklichste Beispiel politischer Predigt dar, das sich denken läßt. Berühmt ist vor allem der Anfang der ersten Predigt geworden, wo Luther, auf alle rhetorischen Einleitungsformen verzichtend, seine Hörer sogleich existentiell in Anspruch nimmt und ihnen die nicht zu ermäßigende Verantwortung eines Christenmenschen bedrängend vor Augen hält: »Wir sind allesamt zu dem Tod gefordert und wird keiner für den andern sterben, sondern ein jeglicher in eigner Person für sich mit dem Tod kämpfen. In die Ohren können wir wohl schreien. Aber ein jeglicher muss für sich selber geschickt sein in der Zeit des Todes: Ich werde dann nit bei dir sein noch du bei mir. Hierin so muss ein jedermann selber die Hauptstücke, so einen Christen belangen, wohl wissen und gerüstet sein.«[51]

Die Invokavitpredigten sind von einem einzigen Thema durchzogen: Glaube und Liebe. Luther billigt den Reformern zu, dass sie den rechten Glauben erkannt und ihm zugut ihre Neuerungen durchgesetzt hätten. Aber da sie den rechten Glauben ohne Liebe praktiziert hätten, sei es der rechte Glaube nicht mehr. Gerade in den Schwachen, denen eine radikale Neuordnung des kirchlichen Lebens Not bereite, finde der Glaube seinen untrüglichen Prüfstein. Darum genüge es gerade nicht, das, was Recht ist, nur zu wissen. Dieses Wissen verlange vielmehr nach einer Gestalt, die darin liebevoll ist, dass sie die Skrupel der Schwachen zur Maßgabe ihres Handeln macht. Wer das, was er für sich als Recht erkannt hat, um der Liebe zu den Schwachen willen zurückstellt, suspendiert gerade nicht den Glauben, sondern erweist eben darin seine Wahrheit. Denn »ohne diese Liebe ist der Glaube nicht«.[52] So lässt, wie Luther den Wittenbergern predigt, die Liebe zu den Schwachen anschaulich werden, wie es um den Glauben steht: die Liebe gleichsam als der Leib des Glaubens.

Luthers Widerspruch gegen jede Form eines militanten Dogmatismus lässt sich gerade auch am Beispiel der Bil-

2. Neuordnung der Kirche 111

derfrage verdeutlichen. In dieser Hinsicht unterscheidet er sich wohltuend von den ikonoklastischen Überspanntheiten Zwinglis, erst recht aber Calvins. Anders als die Wittenberger Bilderstürmer, sah er nicht in den Bildern die Gefahr, sondern in deren abergläubischen Anbetern. Der falsche Gebrauch, den manche von den Bildern machen: *Das* war ihm das Problem! Die Kunstwerke selbst hielt er für heilsirrelevant: »Die Bilder sind weder sonst noch so, sie sind weder gut noch böse, man kann sie haben oder nicht haben.«[53] Welchen Nutzen die Bilder bringen und welches Unheil sie anrichten, hängt für Luther nicht vom jeweiligen Kunstwerk ab, sondern allein von seinem Betrachter. Damit hat er zugleich eine geistesgeschichtliche Wirkung ausgelöst, die er weder kennen noch wollen konnte: Indem er allein den Betrachter über den Wert eines Bildes entscheiden sieht, ist theoretisch der Grund für die Rezeptionsästhetik gelegt worden, die Kunst als einen Vereinbarungsbegriff auffasst – »der Betrachter soll vor dem Kunstwerk seine Freiheit erproben. Er hat das letzte Wort.«[54]

Das gepredigte, mündliche Wort blieb für Luther auch nach den Invokavitpredigten entscheidendes Medium seines öffentlichen Wirkens. Von 1522 an sind viele seiner Predigten sofort gedruckt und verbreitet worden, und die Reformation hat sich denn auch in diesen Jahren vor allem als eine Predigt- und Flugschriftenbewegung ausgebreitet.[55] So sehr Luthers Predigten von der Mahnung, sich die Geduld mit Unwissenden und Einfältigen nicht sauer werden zu lassen, durchdrungen sind, so wenig hat er andererseits gezögert, diejenigen, die der Sache des Evangeliums entgegenstanden – und seien es die Stiftsherren der Wittenberger Schlosskirche! –, unerschrocken und in aller Klarheit anzugehen.

Das wichtigste Element des kirchlichen Lebens, dessen Herzstück gleichsam, war für Luther der Gottesdienst. An seiner evangelischen Erneuerung lag ihm vor allem. Auch hier ersetzte Luther die unter Karlstadt eingerichteten radikalen Neuerungen zunächst wieder durch die alte Form: den Schwachen zuliebe! Nur was der evangelischen Einsicht unmittelbar entgegenstand, hat er entfernt. So tilgte er etwa im Abendmahl alle Texte, die es als eine Wiederholung des von Christus vollbrachten Opfers interpretierten. Gerade in der Frage des rechten Abendmahlsverständnisses hat Luther mit unerbittlicher Entschiedenheit an seiner eigenen Auffassung festgehalten und damit die innerprotestantische Konsensbildung wesentlich erschwert, ja in bestimmter Hinsicht sogar auf Jahrzehnte und Jahrhunderte hinaus praktisch verhindert.

Die Zahl der Heiligenmessen und -feste hat Luther drastisch reduziert. Stattdessen schlug er vor, an allen Werktagen kurze Früh- und Abendgottesdienste abzuhalten. Was schließlich den herkömmlichen Sonntags-Gottesdienst betrifft, so wollte er hier die Gemeinde weit mehr als bisher beteiligt sehen: durch den konsequenten Gebrauch der Muttersprache sowie – dies vor allem! – durch das Singen deutschsprachiger Lieder. Eben hier aber lag das Problem: Es gab so gut wie keine deutschen Kirchenlieder. Luther bittet darum inständig um Mithilfe und macht sich zugleich auch selbst an die Arbeit. Zwei Drittel der 36 deutschen geistlichen Lieder, die er geschrieben hat, sind in den Jahren 1523 und 1524 entstanden. So konnten bereits 1524 die ersten drei protestantischen Kirchengesangbücher erscheinen: das Nürnberger Achtliederbuch (4 Luther-Lieder), das Erfurter Enchiridion (18 Luther-Lieder) und das Wittenberger Chorgesangbuch (24 Luther-Lieder). Luthers geistliche Lieddichtungen sind auf Jahrzehnte hinaus – bis zu Paul Gerhardt! – darin unübertroffen geblieben, dass sie eine ungewöhnliche Sachnähe und geistliche Kraft mit einem ganz unbeschwerten, volksliedhaften Charakter zu verbinden wussten:

Vom Himmel hoch, da komm ich her,
Ich bring euch gute neue Mär.
Der guten Mär bring ich so viel,
Davon ich singen und sagen will.

Euch ist ein Kindlein heut geborn,
Von einer Jungfrau auserkorn.
Ein Kindelein so zart und fein,
Das soll euer Freud und Wonne sein.

Es ist der Herr Christ, unser Gott,
Der will euch führ'n aus aller Not.
Er will euer Heiland selber sein,
Von allen Sünden machen rein.

Aber auch das ganz unsentimentale Glaubenslied »Ein feste Burg ist unser Gott« taugt als ein Beispiel solcher hohen Kunst. Oft missbraucht als das kirchliche Pendant zur »Wacht am Rhein«, nicht selten auch als solches missverstanden, ist es in Wahrheit eine kunstvolle Nachdichtung des 46. Psalms, die die Rettung »aus aller Not / die uns jetzt hat betroffen« durchaus nicht von »der Wacht am Rhein« erhofft:

> Mit unser Macht ist nichts getan,
> Wir sind gar bald verloren.
> Es streit' für uns der rechte Mann,
> Den Gott hat selbst erkoren.
> Fragst du, wer der ist?
> Er heißt Jesus Christ,
> Der Herr Zebaoth,
> Und ist kein ander Gott,
> Das Feld muss er behalten.

In diesen Jahren vermochte die reformatorische Bewegung rasch um sich zu greifen. Allenthalben wurde der Ruf nach evangelischen Pfarrern und Predigern laut. Schwierigkeiten erwuchsen vielerorts aus den komplizierten Inkorporationsverhältnissen. Wo immer er konnte, hat Luther mit Briefen und Schriften zu vermitteln gesucht. Doch für den Konfliktfall sprach er den Gemeinden das unbedingte Recht zu, sich selbst einen Prediger zu wählen, also notfalls auch gegen den Willen der kommunalen und altkirchlichen Obrigkeit. In Wittenberg stellte sich das Problem im Herbst 1523: Als das Stiftskapitel die Berufung eines evangelischen Pfarrers ungebührlich verzögert, lösen Luther und der Magistrat die Stadtpfarrkirche kurzerhand aus ihrer Inkorporation beim Stiftskapitel und berufen Johannes Bugenhagen eigenmächtig als Pfarrer. Die Gemeinde, rechtfertigt Luther, ist ursprünglicher Inhaber des Pfarrguts und kann dieses darum jederzeit wieder an sich ziehen.

Die Aufgabe, das Kirchengut neu zu ordnen, war unübersehbar geworden. Die Reformation hat, aufs Ganze gesehen, zu einer ungeheuren Stärkung des Gemeindebewusstseins geführt. In Wittenberg kam es rasch zu einer guten Lösung: Nach der Vorform der sogenannten Beutelordnung wurde schon 1522 der »Gemeine Kasten« errichtet. Ihm oblag zum einen der materielle Unterhalt von Kirche und Schule, zum andern die soziale Fürsorge, die den Armen Unterstützung zukommen ließ, allen Ortsfremden aber das Betteln untersagte.

Gerade auch die Schule galt Luther als ein hervorragender Gegenstand reformatorischer Fürsorge. Immer wieder beklagte er das geringe Interesse, das Bürger und Magistrat dem Schulwesen entgegenbrächten. Entsprechend appellierte er 1524 schriftlich »An die Ratsherren aller Städte deutsches Lands, dass sie christliche Schulen aufrichten und halten sollen«.[56] Die Kenntnis der biblischen Sprachen (Hebräisch, Griechisch) erschien Luther für einen Prediger als unverzichtbar, desgleichen auch ein professionell betriebener Umgang mit dem allgemeinen, »philosophischen« Bildungsgut seiner Zeit. Nur so würde ein evangelischer Prediger seiner Aufgabe gerecht werden können, wie denn auch umgekehrt eine schwärmerische Geringschätzung schulischer und akademischer Bildung die Sache der Kirche unausweichlich verspielen müsste. Das Evangelium, dessen war sich Luther gewiss, ist durchaus nicht beliebig trivialisierbar. Die darin sich ausdrückende Bildungsverantwortung der Kirche ist zu einem wesentlichen Faktor der neuzeitlichen Geistesgeschichte geworden, auch wenn es daneben eine sektiererhafte Wissenschaftsfeindlichkeit selbstverständlich zu allen Zeiten – also nicht etwa nur heute – gegeben hat.

In Kursachsen hat sich die Reformation von Anfang an ungehindert verbreitet, aber darum auch weithin ohne Kontrolle und Regulation. Die ursprünglich dem Bischof zukommende Aufgabe, die Gemeinden zu visitieren, wurde seit dem späten Mittelalter kaum noch wahrgenommen. Nach der Katastrophe des Bauernkriegs forderte darum Luther seinen Kurfürsten auf, er möge Gemeindevisitationen durchführen lassen und appellierte dabei insbesondere an die kulturelle Verantwortung des Fürsten: Er möge seine Dörfer dazu nötigen, für den Unterhalt von Schulen und Kirchen ebenso zu sorgen wie für den von Brücken und Wegen.

So kommt es 1527 zur ersten Visitation in Kursachsen; Melanchthon ist daran maßgeblich beteiligt. Luther nimmt nur kurz an der Visitation teil, unterstützt sie aber durch eine Reihe von Schriften, die allesamt dem geistlichen Gemeindeaufbau dienen sollen. Dazu zählt seine »Deutsche Messe« von 1526 – die erste evangelische Agende –, ferner eine Tauf- und eine Trauliturgie, auch übrigens ein Betbüchlein, das der religiösen Unterweisung der Kinder zugedacht war. Daneben arbeitete er an der Weiterentwicklung eines Gemeindegesangbuchs und setzte auch sein umfangreiches

Postillenwerk fort. Vor allem aber schuf er die beiden Katechismen.

Die Katechismen, der Große wie der Kleine, sind Luthers Konsequenz aus den deprimierenden Visitationserfahrungen. Angesichts einer frappanten biblischen und theologischen Unbildung der Pfarrer – von den Gemeinden zu schweigen – machte sich Luther an die kaum schwer genug einzuschätzende Aufgabe, den geistigen Zusammenhang des christlichen Glaubens in elementare Sätze zu fassen, ohne ihn über Gebühr zu trivialisieren oder zu reduzieren. Immerhin konnte er sich auf eine Reihe von Vorarbeiten stützen, vor allem auf drei Predigtreihen des Jahres 1528, in denen er nacheinander die »Hauptstücke des Glaubens« – Dekalog, Glaubensbekenntnis, Vaterunser, Taufe, Abendmahl – behandelt hatte. Daraus entstand der Große Katechismus: ein Handbuch für Pfarrer, das ihnen das für den Predigtdienst unerläßliche theologische Rüstzeug bereitstellen sollte.

Der Kleine Katechismus, wie der Große 1529 entstanden, ist zunächst nichts weiter als dessen – grandios formulierte – Kurzfassung für den häuslichen Gebrauch: In Einblattdrucken erschienen, sollte man ihn als Lern- und Memoriertafel an die Wand heften können. In unübertroffener Meisterschaft hat es Luther verstanden, den Kernbestand christlichen Glaubens so konkret und – im guten Sinn – so leserbezogen zusammenzufassen, dass er seine Anwendung auf das Leben derer, die es lasen oder aufsagten, immer schon mit sich führte. »Es ist doch alles in dem Buch von mir gesagt«, war Käthe Luthers Reaktion. Genau so war es gemeint.

Neben der Luther-Bibel hat vor allem der Kleine Katechismus in der Geschichte evangelischer Frömmigkeit eine unerhörte, bis an die Schwelle zur Gegenwart reichende Wirkung gezeitigt. Der Frageschematismus des Katechismus, sein stereotyp wiederkehrendes »Was ist das?«, war als die Aufforderung gemeint, sich immer wieder gemeinsam, in Frage und Antwort, Rechenschaft zu geben über das Geheimnis des Glaubens. Dass der Katechismus dennoch schon bald zu einer geistlosen Abfragerei verkommen ist, steht seiner Intention entgegen, mag aber seine Wirkungsgeschichte in einem nicht zu unterschätzenden Maß befördert haben. Dafür steht nicht zuletzt der alte Monsieur Johann Buddenbrook, der sich bekanntlich ein Vergnügen daraus machte, seine Enkelin, »die kleine Antonie, achtjährig und zartgebaut«, den Katechismus »glückstrahlend und unaufhaltsam« daherschnurren zu lassen.

3. Volksfreund oder Fürstenknecht?

In den 20er Jahren des 16. Jahrhunderts haben sich im Protestantismus die Grundstrukturen kirchlichen Lebens konstituiert. Doch was Luther diesbezüglich in der Zeit zwischen den Reichstagen zu Worms (1521) und Augsburg (1530) geleistet hat, war keineswegs nur die organische Entfaltung eines Gemeindeaufbau-Programms, sondern oft genug der beharrliche, Spontaneität und Phantasie erfordernde Kampf gegen Enttäuschungen und Rückschläge aller Art. In dieser Hinsicht bedeutet das Jahr 1525 eine besondere Zäsur: Der Streit mit Erasmus kam zur Entscheidung und ließ dabei einen Gegensatz offenbar werden, der die beiden vermeintlichen Bundesgenossen der ersten Stunde, Erasmus und Luther, Humanismus und Reformation, offenbar unversöhnlich trennte. Dasselbe Jahr brachte Luther auch die Vermählung mit der entflohenen Nonne Katharina von Bora und hat darin den Grundstein zu einer kulturgeschichtlich ungemein folgenreichen und fast bis in unsere Tage hinein prägend gebliebenen Sozialgestalt gelegt: dem evangelischen Pfarrhaus. Der dritte Anlass, der 1525 zu einem Schicksalsjahr der Reformation hat werden lassen, ist der verheerende Verlauf und Ausgang des Bauernkriegs.

Gerade die Katastrophe des Bauernkriegs gilt vielen als der entscheidende Wendepunkt in Luthers Biographie: Der Heros der Freiheit habe sich zu einem willfährigen Agenten der Herrschenden, der Mann von unten zu einem Diener der Obrigkeit, der Freund des Volkes zum Fürstenknecht prostituiert. Schnell sind dann auch ein paar wohlfeile Zitate zur Hand, durch die Luthers Verrat an diesem großen emanzipatorischen Aufbruch in die Neuzeit unwiderleglich aufgewiesen erscheint.

Kein Zweifel: Das Jahr 1525 bedeutet im Leben Martin Luthers eine tiefe Zäsur. Wenn die folgenden Zeilen dennoch versuchen, am Beispiel des Bauernkriegs ein paar differenzierende Gesichtspunkte geltend zu machen, soll damit nicht etwa die Schuld, die ihn treffen mag, verschleiert, sondern die legendäre Überhöhung der Rolle, die er gespielt hat, entmythologisiert werden. Historische Wirklichkeit ist allemal komplexer als der Ausschnitt, den ideologische Fixierung davon wahrhaben will.

Der »Bauernkrieg«, diese größte politisch-soziale Massenbewegung der deutschen Geschichte, bezeichnet eine Summe von weiträumig zersplitterten, kaum koordinierten Einzelaktionen. Die Rolle, die Luther darin gespielt hat, sollte man nicht überschätzen. Sicher ist, dass seine Stimme von vielen gehört wurde. Gleichwohl blieb er vom Zentrum des Geschehens weit entfernt. Aufs Ganze gesehen, besteht kein Anlass zu der Vermutung, im Verlauf des Bauernkriegs würde irgend etwas anders gekommen sein, wenn Luther geschwiegen oder in anderer Weise geredet hätte.

Ende Februar 1525 hat der Kürschnergeselle Sebastian Lotzer die bäuerlichen Beschwerden zu den »Zwölf Artikeln der Bauernschaft in Schwaben« zusammengefasst, die, binnen kurzem über ganz Deutschland verbreitet, das Manifest der Bauernbewegung geworden sind. Luther hat erst vergleichsweise spät, Mitte April 1525, davon erfahren. Sogleich begann er, eine öffentliche Reaktion auszuarbeiten: seine »Ermahnung zum Frieden auf die zwölf Artikel der Bauernschaft in Schwaben«.[57] Ausdrücklich bestätigt er darin die wirtschaftliche und rechtliche Notlage der Bauern. Dies betreffend, redet er darum auch den »Fürsten und Herrn« ungeniert scharf ins Gewissen. Auch rät er ihnen dringend, sie möchten mit den Bauern einen gütlichen Ausgleich suchen, bevor es zu spät ist.

Was Luther an den »Zwölf Artikeln ...« missfällt, ist nicht der soziale Protest als solcher, vielmehr dies, dass er sich dabei auf »göttliches Recht« beruft und also über die Verbindlichkeit des weltlichen Rechts sich aus religiösen Gründen meint erheben zu können. Mit ihrem Anspruch, in *Gottes* Namen zu reden und zu handeln, hätten sich die Bauern aus der allgemeinen Rechtsgemeinschaft selbst verabschiedet. Eben dies aber: die religiös verbrämte Verabsolutierung eines partikularen Interesses – und sei es noch so berechtigt –, gilt Luther als »Rotterei«, als Aufruhr einer Rotte gegen die gemeinsame soziale und politische Ordnung.

So ist der Bauernkrieg zu einer praktischen Bewährungsprobe für Luthers politische Ethik geworden. Die Frage, wie sich ein Christ, der die Autorität des biblischen Wortes ernstnehmen will, zu weltlichem Recht verhalten soll, hatte ihn schon früher beschäftigt, nicht zuletzt in der im Winter 1522/23 verfassten Schrift »Von weltlicher Obrigkeit, wieweit man ihr Gehorsam schuldig sei«.[58] Der Begriff ›Zweireichelehre‹ ist insofern missverständlich, als es Luther nicht um ein statisches Lehrsystem zu tun war, sondern um das Einüben einer fundamentalen Unterscheidung: der nämlich zwischen Geistlichem und Weltlichem, zwischen dem Reich Christi und dem Reich der Welt. Das rechte Unterscheiden von Geistlichem und Weltlichem galt ihm als Prüfstein theologischer Urteilskraft. Solches Unterscheiden sollte gerade nicht auf eine beziehungslose Trennung abzielen, sondern das, was nur allzu oft heillos vermischt ist, in die angemessene Beziehung setzen.

Kurz gesagt, gilt Luther der Glaube an Christus als das hinreichende Erkennungsmerkmal eines Christen. Wer an Christus glaubt, ist – unabhängig von Amt und Beruf – von geistlichem Stand und also Bürger im Reich Christi. Hier herrscht Gott allein durch das Wort, und die Christen begegnen einander in Liebe und unter Verzicht auf jedwede Gewalt. Doch an dieser Stelle liegt für Luther das Problem: So sehr es christlich ist, um der Liebe willen auf Gewalt und Recht zu verzichten, so klar ist doch auch, dass dies ein Christ immer nur für sich selbst, aber niemals für einen anderen entscheiden kann.

Denn ein Christenmensch lebt nicht allein im Reich Christi, sondern ist immer zugleich auch Bürger dieser Welt. Die weltliche Rechtsgemeinschaft ist nun aber nicht auf christliche Liebe gegründet, sondern auf menschliche Vernunft; als Instrument ihrer äußeren Ordnung dient nicht das Predigtwort, sondern das weltliche Recht. Ihm steht es zu, sich im Notfall auch mit physischer Gewalt – mit dem Schwert, sagt Luther – zur Geltung zu bringen. Wer darum das weltliche Recht durch geistliches Recht außer Kraft setzen will und also, wo Vernunft und menschliches Ermessen gefordert sind, mit der doktrinalen Zitation biblischer Sätze reagiert, der verwischt den Unterschied der zwei Reiche und bringt damit beides, das Weltliche und das Geistliche, um seine Wahrheit.

Eben dies war nun auch der Vorwurf, den Luther gegen die Bauern erhob: Indem sie ihre – an sich berechtigten – Forderungen nicht pragmatisch, sondern biblisch begründen, sind sie im Begriff, die weltliche Rechtsgemeinschaft im Namen des Evangeliums aufzukündigen und also beides, Recht und Religion, zu missbrauchen.

Kaum hatte Luther seine »Ermahnung zum Frieden ...« fertiggestellt, da erlebte er, durch Thüringen reisend, die

Anfänge des offenen Aufruhrs. In einer Situation leidenschaftlicher Empörung, die ihm keinen Raum mehr ließ zu analytischer Distanz, ergänzte er das erste Büchlein durch ein zweites: »Auch wider die räubischen und mördischen Rotten der andern (!) Bauern«.⁵⁹ Die beiden Schriften erschienen zusammen.

Nun richtet Luther heftige Anschuldigungen gegen die Bauern: Sie hätten ihre Eides- und Treuepflicht verletzt und sich des Landfriedensbruchs sowie der Gotteslästerung schuldig gemacht. Da der Aufruhr inzwischen losgebrochen ist, ermahnt Luther die Obrigkeit, sie möge ihre legitime Aufgabe, das Recht zu schützen, wahrnehmen und also den aufständischen Bauern entgegentreten.

Gerade unter evangelischen Fürsten war eine gewisse Unsicherheit entstanden, in welcher Weise sie gegen die Bauern vorgehen sollten, die sich ja ebenfalls auf die reformatorische Erneuerung des Evangeliums beriefen. Das musste Luther als eine heillose Vermischung von Recht und Religion erscheinen. Entsprechend eindeutig rief er die Fürsten auf, das Recht zu schützen und den Aufruhr einzudämmen.

Die heftige Erregung, in der Luther die zweite Schrift abfasste, hatte sicher auch persönliche Gründe. Er war tief enttäuscht, dass die Bauern nicht auf ihn gehört, sondern unter Berufung auf das Evangelium zu den Waffen gegriffen hatten. Man muss auch diese persönliche Seite bedenken, um zu verstehen – nicht, um zu verzeihen: als ob *das* den Nachgeborenen zustünde! –, weshalb der Zorn ihn, an die Fürsten gewandt, zu Sätzen treiben konnte wie diesem: »Steche, schlage, würge hier, wer da kann; bleibst du drüber tot, wohl dir, einen seligeren Tod kannst du nimmermehr finden«.[60]

Als aber der Weingartner Vertrag, in dem die oberdeutschen Bauernhaufen und der Schwäbische Bund sich am 17. April verständigt hatten, ihm zu Gesicht kam, ließ er ihn sogleich in Wittenberg nachdrucken, verbunden mit der Empfehlung, der süddeutsche Friedensschluß möge zahlreiche Nachahmer finden. Dennoch: Während des Bauernkriegs sah Luther kaum über den Horizont Thüringens hinaus. Infolgedessen erschien ihm Thomas Müntzer auch als der entscheidende Rädelsführer. Dass man später die sozial-emanzipatorische und auch theologische Bedeutung Müntzers zuweilen überschätzt hat, mag insofern nicht zuletzt in Luther selbst seinen Anlass haben.

Selbstverständlich konnte Luther mit seinen Schriften die Sturmflut nicht hemmen. Doppelt fatal waren die Folgen: Die Altgläubigen beeilten sich, ihn als den eigentlichen geistigen Urheber des Aufstands zu verklagen. In Wittenberg dagegen stieß man sich an der maßlos erscheinenden Heftigkeit, in der er die Fürsten aufgefordert hatte, den Aufruhr niederzuschlagen. Sein »Sendbrief von dem harten Büchlein wider die Bauern«,[61] ausgegeben im Juli 1525, als die Schlacht längst geschlagen war, sollte alles erklären.

Luthers Haltung im Bauernkrieg ist nicht frei von tragischen Zügen. Seine Schriften waren durchweg an bestimmte Gruppen gerichtet, denen er in akuter Situation zur Klarheit verhelfen wollte. Doch immer kamen sie zu spät. So ist das »harte Büchlein wider die Bauern« erst richtig bekannt geworden, nachdem sich die Katastrophe vollendet hatte: als wollte er den entsetzlichen Greueln, deren sich nicht wenige Fürsten schuldig gemacht hatten, eine nachträgliche Rechtfertigung geben.

Die Bauern waren von Luther enttäuscht, die meisten blieben verbittert. Auch Luthers Verhältnis zu ihnen ist dann merklich kühler geworden. Merkwürdigerweise scheint man noch kaum bemerkt zu haben, dass es dafür bei Luther sogar grammatische Indizien gibt: Seine anfängliche Vorliebe für paratakische, die Glieder nebeneinander stellende Satzstruktur weicht um 1525 einer zunehmenden Verwendung von hypotaktischen, die Glieder ineinander schachtelnden Satzkonstruktionen. Könnte es nicht sein, dass Luther von nun an – womöglich ohne es zu wissen – für ein anderes Publikum schrieb?

4. Der Bruch mit Erasmus

Das Jahr 1525 brachte eine zweite, nicht minder wichtige Scheidung: den Bruch mit Erasmus. Humanismus und Reformation, Erasmus und Luther: Das mochte wie ein geschwisterlich verbundenes Paar erscheinen – mitunter streitend, gewiss, doch aus demselben Holze geschnitzt. In der Tat haben beide, die Personen wie die Bewegungen, für die sie stehen, zunächst manches gemeinsam. Nicht nur in der Kritik an kirchlichen Verkrustungen und der überkommenen scholastischen Lehrgestalt waren sie verbunden, sondern auch in der entschiedenen philologischen Hinwendung zu den Ursprungstexten des Abendlands – was wäre die Reformation ohne die Neuedition des griechischen Neuen Testaments, aber auch etwa der Werke Augustins! – sowie in der gemeinsamen Hochschätzung der antiken Kultursprachen, Griechisch und Hebräisch, neben dem allbekannten Latein. Zwischen 1517 und 1525 haben beide, Humanismus und Reformation, einander manches verdankt.

Auch Erasmus selbst hat das Auftreten Luthers zunächst nicht ohne Sympathie begleitet. Nur dessen rigoristische Konsequenzmacherei missfiel ihm. Auch war ihm vieles, was Luther öffentlich sagte, zu scharf und – zu laut. Spätestens seit 1521 schien ihm dann aber der Bruch zwischen Rom und Luther irreparabel: weil er Luthers unbeeindrucktes Festhalten an den von Rom verurteilten Sätzen, andererseits aber auch das Wormser Edikt für einen Fehler hielt.

Am liebsten hätte Erasmus geschwiegen. Dass er dann doch gegen Luther das Wort ergriff, hatte mehrere Gründe. Nicht wenige deuteten sein Schweigen als eine heimliche Parteinahme für Luther: Das forderte ihn heraus. Aber auch von altgläubiger Seite drängte man den berühmten Humanisten zu einem klärenden Wort. Hinzu kam, dass Luther sich gelegentlich, zumal in Briefen, abfällig über Erasmus geäußert hatte, was diesen, empfindlich wie er war, nachhaltig verletzte.

Im September 1524 legt Erasmus eine öffentliche Stellungnahme vor: Vom freien Willen (De libero arbitrio). Das Thema war klug gewählt. Denn zum einen war mit der Willensfreiheit des Menschen eine Frage aufgeworfen, der in theologischer, philosophischer und ethischer Hinsicht zentrale Bedeutung zukam. Außerdem hatte Erasmus bei diesem Thema keine Not, die katholische Auffassung aufrichtig und ohne Einschränkung zu vertreten. Das taktische Kalkül gab dennoch nicht den Ausschlag. Vielmehr hat Erasmus schärfer als andere erfasst, wo man das Zentrum des Streits, in den Luther mit der Kirche geraten war, zu suchen hatte. Diese Zielsicherheit hat dann auch Luther ausdrücklich gewürdigt.

Erasmus hält zunächst fest, dass in der Heiligen Schrift einige Stellen für die Willensfreiheit des Menschen sprechen, andere dagegen. Da nun aber hinter *allen* Schriftworten der Heilige Geist als deren Autor stehe, werde man, so folgert Erasmus, dem biblischen Zeugnis am ehesten durch eine mittlere Auffassung gerecht. Die Freiheit des Willens betreffend, votiert er denn auch für eine moderate, ausgleichende Lösung: Auf dem Heilsweg des Menschen zu Gott sei etliches der göttlichen Gnade, anderes dem menschlichen Willen zuzuschreiben. Jedenfalls aber sei dem Menschen die Willenskraft eigen, dem Heil sich zu- oder von ihm sich abzuwenden.

Erst im Herbst des Folgejahres nimmt Luther den Fehdehandschuh auf. Im Dezember 1525 erscheint seine Antwort: Vom unfreien Willen (De servo arbitrio).[62] Der Streit mit Erasmus hatte auf seiner Prioritätenliste offenbar keinen der vorderen Plätze belegt.

Luther folgt darin Schritt für Schritt der erasmischen Argumentation, die er teils in polemischer Schärfe, teils in streng argumentierender Sachnähe erwidert. Auf die Frage, ob der menschliche Wille als frei gedacht werden könne, antwortet auch er: teils – teils. Im Unterschied zu Erasmus gibt er dafür aber ein eindeutiges Kriterium an: je nach dem Verhältnis, hinsichtlich dessen der Mensch in Betracht kommt. Für ihn ist der Mensch niemals in sich selbst definierbar, sondern immer nur in seiner Bezogenheit auf Gott oder die Welt. Seine These ist darum: In Bezug auf das Gottesverhältnis ist der Wille des Menschen gänzlich gebunden, im Umgang mit den weltlichen Dingen hat der Mensch dagegen Entscheidungsfreiheit. Luther denkt den menschlichen Willen also nicht in Analogie zum freien Willen Gottes, sondern in Differenz zu ihm. Das Verhältnis zu Gott betreffend, kann es für den Menschen eine neutrale Wahlfreiheit nicht geben, da er Gott gegenüber nicht frei ist, sondern immer schon so oder so bestimmt. Um es mit dem von Luther selbst gebrauchten Bild zu sagen: Der Mensch ist ein Reittier, das entweder von Gott oder vom Teufel geritten wird. Diese Auskunft ist nicht deterministisch gemeint, als habe der Mensch nur zu erleiden, was längst vorherbestimmt ist. Ihre Pointe zielt vielmehr dahin, das Gottsein Gottes uneingeschränkt zur Geltung kommen zu lassen.

Eine innere Konsistenz wird man der Auffassung Luthers nicht absprechen wollen. Ihr Grundmotiv ist von der Sorge genährt, die im Glauben empfangene Freiheit eines Christenmenschen werde bei Erasmus durch eine falsch verstandene Autonomie des Menschen aufs Spiel gesetzt. Abermals ist es die Fundamentalunterscheidung von Gott und Welt, die den Ausschlag gibt: Beides sieht Luther bei Erasmus auf unheilvolle Weise vermischt. Dem Menschen in seinem Verhältnis zu Gott einen freien Willen einzuräumen, würde das Geschenk des Glaubens wieder zu einer Leistung des

Menschen verkommen lassen. Zu Ende gedacht, betreibe darum Erasmus die totale Moralisierung des Christlichen. Der Glaube an Gott als ein moralisches Postulat: In diesem kardinalen Irrtum sieht Luther seinen humanistischen Gegenspieler befangen. Es blieb sein letztes Wort.

Erasmus reagierte sofort. Bereits im Frühjahr 1526 erschien seine ausholende Verteidigungsschrift (»Hyperaspistes«), durch einen zweiten Teil im folgenden Jahr noch ergänzt. Einen wesentlich neuen, über das Gesagte hinausführenden Gesichtspunkt suchte man darin vergebens.

Luther hat darauf nicht mehr reagiert. Mit der Schrift »Vom unfreien Willen« schien ihm alles gesagt zu sein. Später hat er einmal die Replik auf Erasmus und den Katechismus als seine besten Bücher bezeichnet: Nur sie hielt er für wert, der Nachwelt erhalten zu bleiben.[63]

Der Bruch zwischen Erasmus und Luther war damit vollzogen. Das lässt sich für das Verhältnis von Humanismus und Reformation nicht unbedingt sagen, beiden Seiten zum Glück. Unter Luthers Mitstreitern stand vor allem Melanchthon auch nach 1525 dem Einfluß des Erasmus offen. Entsprechend vorsichtiger äußern sich die von ihm geprägten Bekenntnistexte, allen voran die »Confessio Augustana« (1530), zur Frage der menschlichen Willensfreiheit.

Vor allem eines ist, über den sachlichen Gegenstand hinausreichend, an diesem Streit entscheidend geblieben: die kompromisslose Entschiedenheit, mit der Luther der Wahrheit – will sagen: dem, was ihm als wahr erschien – die Ehre gab. Im Umgang mit anderen Menschen, zumal mit den Schwachen, hat er Langmut und Nachsicht nicht nur gefordert, sondern immer wieder auch selbst praktiziert. Das änderte für ihn jedoch nichts daran, dass es in *sachlicher* Hinsicht ein Nachgeben wider besseres Wissen nicht geben dürfe. Für die Wahrheit des Evangeliums unerbittlich einzustehen, das glaubte er gerade auch um der Schwachen willen seiner Sache schuldig zu sein. Denn der Glaube, davon war Luther tief durchdrungen, benötigt eine letzte Gewißheit. Ob Religion statt auf letztgültig formulierte Sätze des Glaubens auch auf Erwägungen einer skeptischen Vernunft sich gründen lasse, ist eine Frage, die noch heute, nicht zuletzt im Blick auf amerikanische Zivilreligion, kontrovers diskutiert wird. Über sie haben sich einst Erasmus und Luther entzweit.

5. Familienglück

Auch in persönlicher Hinsicht bildet das Jahr 1525 für Luther eine wesentliche Zäsur: Aus dem Mönchsstand trat er in den Stand der Ehe. Ein ganzes Bündel von Motiven hat ihn dazu veranlasst, doch Liebe oder Verliebtheit waren nicht darunter. Dennoch ist es eine gute und glückliche Ehe geworden, er selbst hat es später bekannt. Wenn auch eine pastoralethische Vorbildfunktion, zu der man diese erste evangelische Pfarrersehe später oft genug zu idealisieren beliebte, selbstverständlich nicht beabsichtigt war, gab Luthers häusliches Leben für solche Idealisierung doch immerhin einen hinreichend fruchtbaren Nährboden ab. Es hat sein historisches Recht, dass eine Darstellung des evangelischen

Abb. 10: Bildnisse von Martin Luther und Katharina von Bora. Lukas Cranach d. Ä.

Pfarrhauses schlechterdings nicht umhin kann, Luther und den Seinen ein breites, erstes Kapitel zu widmen.

Katharina von Bora, Luthers spätere Frau, 1499 geboren, wurde 16-jährig in das nahe Grimma gelegene Zisterzienserkloster Marienthron gesteckt. Auch dort hatte man nach 1517 von Luthers reformatorischem Aufbruch gehört. Einer Gruppe von Nonnen sind dadurch die klösterlichen Mauern zu eng geworden. Luther erfuhr von ihrem Wunsch, dem Kloster zu entkommen, und veranlasste, da er sich mit verantwortlich glaubte, Leonhard Koppe, einen Torgauer Kaufmann, in dieser Sache behilflich zu sein. Die Entführung gelang: Ostern 1523 verhalf Koppe den 12 Nonnen auf ungewöhnliche Weise zur Flucht, wenn auch wohl nicht so spektakulär, wie dies Jochen Klepper in seiner etwas manieriert wirkenden Erzählung »Die Flucht der Katharina von Bora« – pfarrhäusliche Pflichtlektüre noch bis vor kurzem – geschildert hat. Die entlaufenen Nonnen unterzubringen, war für Luther nicht einfach. Die wenigsten konnten in ihre Familien zurück. So hat man sie auf einige Wittenberger Bürgerhäuser verteilt, wobei Katharina von Bora offenbar in das Haus Lukas Cranachs kam. Eine Ehe herbeizuführen, in der sie versorgt sein würden, war für jede der jungen Frauen das Ziel.

Bei Katharina von Bora wurde es schwierig. Sie hatte sich in einen jungen Patriziersohn aus Nürnberg verliebt. Der zauderte erst, dann winkte er ab, dem Widerstand seiner Familie nachgebend. Darauf brachte Luther einen jungen Theologen ins Spiel. Doch Katharina lehnte hochmütig ab: Nicht, dass sie generell gegen die Ehe sei! Nur eben diesen wolle sie nicht, doch eine Verbindung mit Amsdorf oder Doktor Luther sei ihr willkommen. Indes hatte Luther für sich selbst wiederum eine andere im Blick.

Am Ende fügte es sich. Mitte Juni 1525 wurden Luther und Katharina von Bora rechtskräftig verlobt und sogleich von Bugenhagen, dem Stadtpfarrer, getraut. Zwei Wochen später luden sie zu festlichem Kirchgang und einem anschließenden Hochzeitsmahl ins Klostergebäude. Auch Luthers Eltern waren unter den Gästen.

Zwölf Einladungsschreiben zum Fest sind erhalten geblieben. Auf individuelle, sich ganz dem jeweiligen Empfänger zuwendende Weise hat Luther darin für seinen Gang in die Ehe um Verständnis geworben. So kommt ein ganzes Bündel von Motiven zum Vorschein, die einander nicht ausschließen, sondern erst in der Zusammenschau verständlich machen, weshalb sich Luther zu diesem – ja offenbar selbst die engsten Freunde überraschenden – Schritt entschlossen hat.

Als wichtigsten Grund nennt er den Gehorsam gegen Gottes Wort. Gegen jede Form religiös motivierter Leibfeindlichkeit bekennt Luther, dass nicht allein in der Ehe, sondern überhaupt in der menschlichen Sexualität eine Gotteskraft am Werk sei; die Ehe freilich gilt ihm als deren rechter Gebrauch, von Gott gestiftet als ein gesegneter Stand. Die unverkrampfte Natürlichkeit Luthers zeigt sich etwa in einem brieflichen Gruß, den er, gerade sechs Monate verheiratet, dem frisch vermählten Spalatin aufträgt (und den protestantische Prüderie dann schon bald aus den Briefausgaben getilgt hat): »Grüße Deine Frau auf das Lieblichste, aber tue es dann, wenn Du Deine Katharina im Bett mit den lieblichsten Umarmungen und Küssen hältst und dieses denkst: Siehe, diesen Menschen, dieses liebste Geschöpflein meines Gottes, hat mir mein Christus geschenkt, ihm sei Lob und Ehre. Auch ich werde, da ich den Tag, an dem Du diesen Brief erhalten wirst, erraten kann, in dieser Nacht die Meine mit gleichem Werke lieben im Gedenken an Dich und Dir Gleiches mit Gleichem vergelten«.[64]

Daneben wird bei Luther aber auch ein apokalyptisches Motiv sichtbar: Nachdem er über Jahre hinweg die Mönche und Nonnen ermuntert hat, ihre mystische Vermählung mit Christus und der Kirche durch die leibhaftige Ehe mit einem Menschen zu ersetzen, wollte er die Wahrheit solcher Lehre auch mit dem eigenen Leben bezeugen. Inmitten des Bauernkriegs, der ihn täglich mit dem Schlimmsten rechnen lässt, setzt Luther ein Zeichen: »Und kann ich's schicken, dem Teufel zum Trotz, will ich meine Käthe noch zur Ehe nehmen, ehe denn ich sterbe«[65] – die Ehe mit Käthe als das Apfelbäumchen, das Luther inmitten einer untergehenden Welt gepflanzt hat!

Indes kommen handfeste irdische Gründe hinzu, nicht zuletzt die Rücksicht auf den Vater, dem Luthers Gang ins Kloster vor allem die Hoffnung auf weitere Nachkommen geraubt hatte. »So hab ich nun auch aus Begehren meines lieben Vaters mich verehelicht«, schreibt Luther an seine Freunde. Überhaupt scheint es, als sei er mit den Jahren immer mehr in den väterlichen Sinn für Familie und den Fortgang des eigenen Geschlechts hineingewachsen. Fünf Jahre später, die Nachricht vom Tod des Vaters hat ihn eben erreicht, heißt es in einem Brief an Melanchthon: »Heute hat mir Hans Reinicke geschrieben, dass mein liebster Vater, der alte Hans Luther, aus diesem Leben verschieden sei am Sonntag Exaudi, in der ersten Stunde. Dieser Tod hat mich in große Trauer gestürzt ... Ich folge jetzt in der Erbschaft des Namens, so dass ich gewissermaßen der alte Luther in meiner Familie bin. So muss ich nun nicht allein zufällig, sondern rechtmäßig ihm durch den Tod in das Reich Christi folgen«.[66]

Dass er mit seiner Heirat nicht nur Unverständnis, sondern auch Verachtung auf sich ziehen würde, war ihm bewusst. Aber es focht ihn nicht an: »Ich habe mich durch diese Heirat so verächtlich und gering gemacht, dass die Engel, wie ich hoffe, lachen und alle Teufel weinen mögen. Die

Welt und ihre Klugen verstehen dieses fromme und heilige Werk Gottes noch nicht«.[67]

Nun aber sollte, allen Teufeln zum Trotz, gefeiert werden. Hochzeitsvorbereitungen auf dem Lande: Von zwei Freunden erbittet Luther, ihm mit Wildbret auszuhelfen, und Leonhard Koppe, der einst die Klosterflucht der Braut inszeniert hatte, soll mit einer Spezialität aus Torgau dienen: »Dass nu mein Vater und Mutter und alle guten Freunde desto fröhlicher seien, lässt Euch mein Herr Katherin und ich gar freundlich bitten, dass Ihr uns zum guten Trunk ein Fass des besten torgauischen Biers, so Ihr bekommen mögt, wollet auf meine Kosten ... hierher führen lassen. Ich will Fuhrlohn und alles redlich geben. Ich wollte wohl Fuhre geschickt haben, wusste aber nicht, ob ich's treffen würde, denn es muss ausruhig und kühle werden, dass es wohl schmecke, und setze die Straf darauf, wo es nicht gut ist, dass Ihr's allein sollt aussaufen!«[68]

Der Aberglaube erwartete als Frucht einer Ehe von Mönch und Nonne ein zweiköpfiges Monster. Stattdessen wurde am 7. Juni 1526 ein gesundes, kräftiges Kind geboren, Johannes, der erste Sohn. Als Stammhalter bekam er den Namen des Großvaters. In ihm hat sich dann auch die Laufbahn erfüllt, die der alte Hans Luder für seinen Sohn Martin erhofft hatte: Er wurde Jurist, am Ende gar fürstlicher Kanzleirat in Weimar. Fünf weitere Kinder stellten sich ein: Elisabeth (1527), Magdalene (1529), Martin (1531), Paul (1533) und Margarete (1534). Zwei der Mädchen starben schon früh: Elisabeth nach acht Monaten, Magdalene, das geliebte Lenchen, im 13. Jahr.

Die Ehe begann prosaisch: »Ich stehe nicht in hitziger Liebe und Leidenschaft gegen meine Frau, aber ich schätze sie«, schreibt Luther nach der ersten Ehewoche seinem Freund und Kollegen Nikolaus von Amsdorf. Sechs Jahre später klingt es anders: »Ich wollt mein Ketha nicht um Frankreich noch um Venedig dazu geben!« In seinem Testament hat Luther seine Käthe in einem viel weiter reichenden Maß zur Erbin eingesetzt, als nach kurfürstlichem Recht eigentlich üblich und zulässig war.

Mit selbstironischer Verwunderung erzählt Luther: »Im ersten Jahr des Ehestands hat einer seltsame Gedanken. Wenn er bei Tisch sitzt, denkt er: Siehe, vorher warst du allein, jetzt selbander. Im Bett, wenn er erwacht, sieht er ein Paar Zöpfe, die er vordem nicht sah«. Auch die häuslichen Lebensumstände sind davon betroffen: »Im ersten Jahr saß meine Käthe bei mir, wenn ich studierte, und wenn sie nicht wusste, was sie reden sollte, fing sie an und fragte mich: Herr Doktor, ist der Hochmeister in Preußen des Markgrafen Bruder?«

Mit den Jahren ist die Ehe und Familie für Luther immer mehr zu einer Quelle seiner Lebenskraft geworden. Einmal äußerte er sogar die – halb gespielte, halb wirkliche – Sorge, seine Käthe sei ihm näher als Christus. Jedenfalls war er sich nicht zu schade, auch selbst Windeln zu waschen und Betten zu machen, mochten die Leute auch spotten: »Gott lacht mit allen Engeln«. Die Kinder dürfen in seiner Studierstube spielen, das Hänschen vor allem: »Wenn ich sitze und schreibe, so singt er mir ein Liedchen daher, und wenn er's zu laut will machen, so fahre ich ihn ein wenig an; so singet er dennoch fort, aber er macht's heimlicher und mit etwas Sorgen und Sehen«. Drei Briefe an ihn, den Ältesten, sind erhalten geblieben. Dem Vierjährigen dichtet der Vater von Coburg aus eine hinreißend erzählte Parabel, ungemein liebevoll und voller Phantasie, ein wahres Paradestück aus der Geschichte der Pädagogik. Sieben Jahre später ermuntert Luther den Ältesten, noch nicht Elfjährigen, in einem Brief, er möge seine Studien mit Fleiß und Ernst fortführen, zu Gottes und der Eltern Gefallen so wie bisher. Immer noch ist der Ton durchdrungen von väterlicher Liebe, aber doch auch ganz ernsthaft, als rede er zu einem jungen Erwachsenen, nun ganz selbstverständlich in lateinischer Sprache. Im Dezember 1542 erreicht den inzwischen 16-Jährigen vom Vater die strenge Ermahnung, er möge seine Tränen über den Tod der Schwester Magdalene männlich überwinden, damit er den Schmerz der Mutter nicht noch vermehre.

Gerade hieran zeigt sich nun auch, dass Luthers Familienglück mehr und anderes war als nur bieder-harmlose Idylle. Als die kleine Elisabeth mit acht Monaten stirbt, schreibt er einem Freund: »Es ist wunderlich, ein wie bekümmertes, fast weibisches Herz sie mir zurückgelassen hat, so werde ich vom Jammer über sie bewegt. Das hätte ich nie zuvor gedacht, dass ein väterliches Herz so weich werden könnte wegen der Kinder«.[69] Und nun, als auch seine geliebte Lene in den Armen des Vaters gestorben ist, verdunkelt ihm die Macht der elterlichen Liebe sogar das Reich Christi: »Denn tief im Herzen haftet ihr Blick, die Worte und Gebärden der lebenden und sterbenden und so gehorsamen und sittsamen Tochter, dass nicht einmal der Tod Christi ... das ganz vertreiben kann, wie es doch sein sollte. So sage Du Gott Dank an unserer Statt!«[70]

Unter solchen Erfahrungen reiften in ihm Fülle und Reichtum des Lebens. Beides zusammen ist es, das Schöne und das Schwere, das er nicht einmal gegen den Reichtum eines Krösus eintauschen würde. Das Glück der Familie, triumphiert Luther, habe er sogar dem Papst voraus.

Die Last der häuslichen Arbeit war enorm. Zu den eigenen Kindern kamen die seiner früh verstorbenen Schwestern, dazu Muhme Lene, eine Tante von Käthe, ferner einige Studenten, die im Hause Luther Quartier fanden, sowie eine wechselnde Zahl an auswärtigen Gästen, allein sie manchmal bis zu 25 Personen. Dieser große häusliche Kreis stellte eine dauernde hauswirtschaftliche Herausforderung dar, und dass Luther einerseits von natürlicher Freigebigkeit war, andererseits aber ihm der Sinn fürs Haushalten fast vollständig abging, machte die Sache nicht leichter. Im Hochzeitsjahr hatte der Kurfürst ein kleines Professorengehalt verfügt, verbunden mit verschiedenen Naturallieferungen. Später erklärte er auch das Klostergebäude zum erblichen Eigentum Luthers. Dennoch: Es reichte nicht. So musste Käthe neben der Haushaltung sich auch noch um Viehzucht und Ackerbau kümmern, nicht zu vergessen das hauseigene Braurecht. Dass sie dies alles gemeistert hat, mit Bravour und über Jahre hinweg, brachte ihr neben Luthers Liebe noch etwas zweites ein: seinen Respekt.

Das Verhältnis der beiden Eheleute betreffend, gibt es eine einzigartige Quelle: Luthers Briefe an seine Frau. Einundzwanzig davon sind erhalten geblieben. Sie sind ein gro-

5. Familienglück

ßes und intimes Dokument seiner Liebe, seines Humors und seiner Sorge, kurz: seines Glücks. Wieviel Witz spricht allein schon aus den von Brief zu Brief wechselnden Anreden und Unterschriften: »Meiner freundlichen, lieben Hausfrau Katharina Luther von Bora, Predigerin, Brauerin, Gärtnerin und was sie mehr sein kann«. »Meiner gnädigen Frauen zu Händen und Füßen«. »Meiner herzlieben Hausfrauen«. Oder auch einfach: »Meinem Liebchen«. Unterschrift: »Dein Liebchen Martinus Luther«.

Von Coburg aus berät er seine Frau, wie man einen Säugling langsam entwöhnen kann – er hat sich erkundigt. Als sich während eines Besuchs in Torgau kein Reisepräsent findet, bittet er Käthe um Hilfe: »Ich kann in dieser Stadt, wiewohl itzt Jahrmarkt ist, nichts finden zu kaufen für die Kinder. Wo ich nichts brächte Sonderliches, so schaffe mir da etwas Vorrats«. Nicht selten gedenkt er unterwegs seiner häuslichen Schätze: »Gestern hatte ich einen bösen Trunk gefasset, da musst ich singen: Trink ich nicht wohl, das ist mir leid, und tät's so rechte gerne. Und gedacht, wie gut Wein und Bier hab ich daheime, dazu eine schöne Frauen oder (sollt ich sagen) Herren. Und Du tätest wohl, dass Du mir herüberschickest den ganzen Keller voll meines Weins und eine Flaschen Deines Biers, so schnell Du kannst, sonst komme ich wegen des neuen Biers nicht wieder«. Oder am 2. Juli 1540 aus Weimar: »Liebe Jungfrau Käthe, gnädige Frauen von Zülsdorf (und wie Euer Gnaden mehr heißt)! Ich füge Euch und Euer Gnaden untertäniglich zu wissen, dass mir's hier wohl gehet. Ich fresse wie ein Böhme und saufe wie ein Deutscher, das sei Gott gedankt, Amen«. Noch im letzten Brief, zwei Tage vor seinem Tod, scherzt er: »Wir haben hier zu essen und trinken vollauf als die Herren, und man wartet unser gar schön und allzuschön, dass wir Euer wohl vergessen zu Wittenberg«.

Aber auch die Schwermut des Alters findet sich. Im Juli 1545 schreibt er seiner Käthe aus Zeitz, er wolle seine armen, alten, letzten Tage nicht mit dem unordentlichen Wesen zu Wittenberg martern: »Ich bin der Stadt müde und will nicht wiederkommen … Ich wollt's gerne so machen, dass ich nicht wieder gen Wittenberg zu kommen bräuchte. Mein Herz ist erkaltet, dass ich nicht mehr gerne da bin, wollte auch, dass Du verkauftest Garten und Acker, Haus und Hof. So wollt ich meinem gnädigsten Herrn das große Haus wieder schenken, und es wäre Dein Bestes, dass Du Dich gen Zülsdorf setzest, solange ich noch lebe, und könnte Dir mit dem Sold wohl helfen, das Gütlein zu bessern«.[71]

V. BEWÄHRUNG (1530 – 1546)

1. Bekenntnisse

Der religiöse Gegensatz, den die reformatorische Erneuerung heraufgeführt hatte, prägte schon bald das gesamte kirchliche Leben. Die auf 1525 folgenden Jahre ließen ihn auch in politischer Hinsicht zu einem bestimmenden Faktor werden. Um 1530 war die Frontbildung zwischen evangelischen und altgläubigen Reichsständen bereits weithin festgeschrieben.

Ein erster politisch-militärischer Konflikt drohte 1528: Otto von Pack, herzoglicher Rat im katholischen Sachsen, spielte den evangelischen Fürsten die – von ihm frei erfundene – Nachricht zu, die altgläubigen Stände hätten sich verbündet, um in den evangelischen Territorien die alten religiösen Verhältnisse gewaltsam wiederherzustellen. Sofort verabreden sich Kursachsen und Hessen, einen gemeinsamen Präventivschlag vorzubereiten. Immerhin fragen sie bei Luther nach, was er davon halte. Luther widerspricht jeder militärischen Präventivmaßnahme mit derartigem Nachdruck – diesenfalls wolle er die Stadt schleunigst und für immer verlassen –, dass sie von ihren Plänen Abschied nehmen.

Auf dem Speyrer Reichstag von 1529 übergaben die evangelischen Reichsstände eine förmliche Protestation. Das sich dabei abzeichnende Bündnis aller »Protestanten« ist von

Luther und Melanchthon sogleich abgelehnt worden. Während für Melanchthon vor allem politische Erwägungen den Ausschlag gaben, sah sich Luther aufgrund der bestehenden theologisch-dogmatischen Differenzen außerstande, etwa mit Ulm oder Straßburg politisch zusammenzugehen. In *allen* Fragen der Lehre einig zu sein: Das galt ihm als die nicht zu ermäßigende Bedingung für ein politisches Bündnis. Mochte dies von theologischer Folgerichtigkeit sein – politisch war es naiv.

Worin denn also die Lehreinheit bestehen solle: Dies auszuloten, sah sich Luther herausgefordert. Zusammen mit Melanchthon entwarf er im Sommer 1529 die »Schwabacher Artikel«.[72] Theologisch waren sie von kompromissloser Eindeutigkeit. An ihr zerbrach die vorläufige Bündnisabsprache von Speyer.

Der innerprotestantische Dissens, der dabei zu Tage getreten war, betraf vor allem das Abendmahl: Wird darin nur das Gedenken an Christus gefeiert (Zwingli) oder aber dessen leibliche Gegenwart (Luther)? Sich in dieser Frage zu verständigen, war den Evangelischen in religiöser und politischer Hinsicht oberstes Ziel. Anfang Oktober 1529 traf man sich zum »Marburger Religionsgespräch«: Landgraf Philipp von Hessen führte den Vorsitz. Zürich und Wittenberg, die beiden Parteien, vertreten vor allem durch Zwingli und Ökolampad und durch Luther und Melanchthon, lernten sich dabei zwar persönlich kennen, revidierten auch die gegenseitigen Fehleinschätzungen, doch zu der erhofften Einigung führte es nicht. Immerhin konnte das Gespräch zu einer erheblichen Entschärfung der Fronten beitragen.

Das Folgejahr brachte den Reichstag zu Augsburg (1530). Kaiser Karl V. hatte mit seiner Ausschreibung auf evangelischer Seite die Hoffnung geweckt, er würde sich nun selber um eine gütliche Klärung der Religionsfrage bemühen wollen. Noch immer unter Reichsacht stehend, konnte Luther die kursächsische Delegation nicht bis Augsburg begleiten: In Coburg, dem südlichsten Ort des Kurfürstentums, blieb er zurück. Fast ein halbes Jahr lang, vom 23. April bis zum 4. Oktober, hat er von der Veste Coburg aus den Fortgang des Augsburger Reichstags begleitet. Daneben nutzte er die äußere Ruhe zu konzentrierter theologischer Arbeit: Die Auslegung der Psalmen trieb er voran, aber auch andere Arbeiten sind hier entstanden, so etwa der »Sendbrief vom Dolmetschen« oder seine Übertragung der Fabeln Äsops.

Am Rande des Reichstags wurde unterdessen das »Augsburger Bekenntnis« (»Confessio Augustana«) vorbereitet. Luther hat immer wieder beklagt, dass ihn Melanchthon über den Fortgang der Arbeit weder regelmäßig noch vollständig unterrichte. So protestiert er am 5. Juni: »Im letzten Brief habe ich Dir geschrieben, lieber Philippus, dass wir uns darüber ärgern, dass Ihr den Boten habt ohne Briefe zu uns zurückkehren lassen, obwohl ihr doch so viele seid und fast alle des Schreibens kundig. Nun habt ihr wieder einen Boten ohne Briefe zurückgehen lassen ... Ich weiß wirklich nicht, ob Ihr so nachlässig oder unwillig seid, obwohl Ihr doch wisst, dass wir hier in der Wüste sitzen wie auf dürrem Land und nach Euren Briefen lechzen«. Zwei Tage später: »Ich sehe, dass Ihr alle beschlossen habt, uns durch Schweigen mürbe zu machen. Damit wir nicht ohne Vergeltung bleiben, zeigen wir Euch mit diesem Brief an, dass wir dann im Schweigen mit Euch wetteifern werden«.[73]

Immerhin: Mit dem Entwurf der Bekenntnisschrift war Luther zufrieden. »Die gefället mir sehr wohl«, gratulierte er Melanchthon, der sie vorwiegend formuliert hatte, »und weiß nichts dran zu bessern noch ändern, würde sich auch nicht schicken, denn ich so sanft und leise nicht treten kann«. Worauf dieses ironisch gebrochene Kompliment anspielt, zeigt etwa der Artikel »Von der Kirche«: »Sanft und leise« ist er darin, dass er zunächst die unverbrüchliche Einheit der heiligen christlichen Kirche betont, die konfessionelle Differenz dagegen erst in der nachgeschobenen Bestimmung sichtbar werden lässt, für solche Einheit sei es hinreichend, wenn das Evangelium rein gepredigt und die Sakramente recht gereicht würden. Dieser diplomatisch glänzend formulierten Definition würden auch die Altgläubigen zugestimmt haben können! Erst mit der Erläuterung, wie denn die Reinheit der Predigt und die Korrektheit der Sakramentsgabe näherhin zu bestimmen sei – als die Kongruenz mit der Lehre der Kirche oder dem (evangelisch verstandenen) Zeugnis der Bibel –, begann ja der Streit.

Von Anbeginn hatte der Ruf nach einem allgemeinen, freien Konzil den reformatorischen Aufbruch begleitet. Nachdem schon Papst Clemens VII. dem Gedanken nähergerückt war, begann er unter dessen Nachfolger erstmals konkrete Form anzunehmen: Paul III. schrieb für 1537 ein Konzil nach Mantua aus. Dass der Papst damit den Plan eines antireformatorischen Häresieurteils verband, galt den evangelischen Ständen als ausgemacht. Auch fragten sie sich, ob man die Ausschreibung überhaupt annehmen solle, da doch der Papst – und nicht, wie sie erhofft hatten, der Kaiser – dazu eingeladen hatte und auch der vorgesehene Konzilsort im politischen Machtbereich des Papstes lag. Luther hingegen riet dringend, die Konzilseinladung anzunehmen: Man dürfe keine Chance versäumen! Dennoch reagierten die evangelischen Fürsten am Ende mit einer brüsken Ablehnung. Erst 1545, ein Jahr vor Luthers Tod, konnte das Konzil dann in Trient (»Tridentinum«) zusammentreten.

Als der Konzilsplan für Mantua noch bestand, war Luther vom Kurfürsten gebeten worden, ein – sozusagen – theologisches Testament zu verfassen. Es sollte alle Artikel umfassen, die er in Lehre, Predigt und Schrift vertreten hat und zu denen er sich auch vor einem Konzil bekennen würde. Im Dezember 1536 legte Luther die Antwort vor: seine »Artikel, darauf ich stehen muss und stehen will bis in meinen Tod«.[74] Auf der Versammlung der evangelischen Reichsstände in Schmalkalden (Frühjahr 1537) hat Luther seine Artikel bekannt gemacht. Damals sind sie aber lediglich als ein persönliches Votum verstanden und also nicht weiter beachtet worden. Erst nach Luthers Tod rückten die »Schmalkaldischen Artikel« in den Rang einer offiziellen lutherischen Bekenntnisschrift ein.

Die Artikel folgen einem klaren Aufbau: Der 1. Teil nennt die Gegenstände, zu denen sich die evangelische und altgläubige Seite übereinstimmend bekennen. Im 2. Teil entwickelt Luther in schlichten, biblischen Sätzen das Zentrum des evangelischen Bekenntnisses: den Glauben an Christus als den allein gangbaren Weg zur Seligkeit. Drei andere Wege zur Seligkeit sieht Luther damit ausgeschlossen: Messopfer, Mönchtum und Papsttum. Der 3. Teil entwickelt sodann die evangelische Lehre von der Sünde, von Gesetz und Evangelium sowie von den Gestalten, in denen das Evangelium begegnet: von Predigt und Sakramenten, von der Buße und dem brüderlich tröstenden Wort.

Die Vorrede, die Luther seinen Artikeln vorangestellt hat, lässt ersehen, wie skeptisch auch er dem Konzilsplan von Mantua, wenn nicht überhaupt einem vom Papst berufenen Konzil, gegenüberstand: »Ah, lieber Herr Jesu Christe, halt du selber Concilium und erlöse die Deinen durch deine herrliche Zukunft. Es ist mit dem Papst und den Seinen verloren. Sie wollen dein nicht. So hilf du uns Armen und Elenden«.

2. Das Bild vom Menschen

Die letzte Lebensphase Martin Luthers, beginnend mit dem Augsburger Reichstag, ist von der Forschung auffallend stark vernachlässigt worden. Offenbar gilt der »alte Luther« als unattraktiv: Nun geht es nicht mehr um den unerschrockenen Aufbruch eines kleinen Augustinermönchs gegen die allumfassende Kirche, und auch die spektakulären Szenen voller Dramatik sind selten geworden. Nun geht es zumeist nur noch um das Fortführen des Begonnenen, um Bewahren und Bewähren, um Treue, Konsequenz und langen Atem. Das aber ist nicht spektakulär, wenn auch oft noch immer dramatisch. Eine zunehmende Verbitterung und Verhärtung ist festzustellen, mitunter auch eine ganz resignative Ermattung an Seele und Leib: »Es will's nicht mehr tun, sehe ich wohl, die Jahre treten herzu«.[75]

Kontinuität bewies Luther zumal in seinem Lebensberuf: der Auslegung des Gottesworts auf Kanzel und Katheder. Von einer kurzen, disziplinarisch gemeinten Unterbrechung abgesehen, hat Luther bis in die letzten Tage seines Lebens gepredigt, ob in Wittenberg oder unterwegs. Seine letzte große Vorlesung galt dem ersten Buch der Bibel: Über zehn Jahre hinweg, von 1535 bis 1545, hat er den studentischen Hörern das Buch Genesis ausgelegt. Wichtig ist auch die große Zahl akademischer Disputationen, zu denen Luther jeweils eine Thesenreihe erstellt hat. In diesem Genre wird sein Eintreten für eine reflektierte, trennscharf konturierte theologische Lehre am konzentriertesten greifbar. So hat er für den 14. Januar 1536 eine 40 Thesen umfassende Reihe »Über den Menschen« (»De homine«) verfasst, die eine ungeheuer dicht formulierte Zusammenfassung seiner Lehre vom Menschen darstellt und also, da der Mensch ohne sein Bezogensein auf Gott und Welt für ihn nicht darstellbar ist, ein Summar seiner ganzen Theologie.[76]

Was ist der Mensch? Die Antwort des Aristoteles ist klassisch geworden: ein Lebewesen, das »Logos« hat. Wobei »Logos« im Sinne der umfassenden kommunikativen Sprachlichkeit zu lesen ist. So lässt sich der Mensch nach Aristoteles nicht als ein Einzelner, sondern nur – gleichsam per definitionem – in seiner Sozialität recht begreifen.

Die aristotelische Formel unterlag beim Übertritt in den lateinischen Denkraum einer folgenschweren Wandlung:

Der Mensch ist ein vernünftiges Lebewesen (animal rationale), definiert Boethius. Gegenüber der ursprünglichen Definition wird der Mensch nun in doppelter Weise abstrakt: Weder seine Sozialität noch seine Individualität sind mehr im Blick. Der Mensch ist vielmehr darauf reduziert, ein Exemplar seiner Gattung zu sein. Doch die Rede vom Menschen als dem vernünftigen Tier ist prägnant: Für Jahrhunderte galt sie als die Standardauskunft, die man weder bestritten noch auch nur ernstlich hinterfragt hat.

Auch Luther gesteht der Definition des Menschen als vernunftbegabtes Wesen in *philosophischer* Hinsicht durchaus ihr Recht zu. Ausdrücklich bestätigt er, »dass die Vernunft die Hauptsache aller Dinge«, ja dass sie »geradezu etwas Göttliches« sei (These 4).[77] »Sie ist Erfinderin und Lenkerin aller Wissenschaften, der Medizin und der Jurisprudenz sowie alles dessen, was in diesem Leben an Weisheit, Macht, Tüchtigkeit und Herrlichkeit von Menschen besessen wird« (These 5). Luther unterstreicht die philosophische Hochschätzung der Vernunft sogar noch durch Hinweise auf die Heilige Schrift. So sei etwa das Herrschaftsgebot des Schöpfungsberichts – »Seid fruchtbar und mehret euch und füllet die Erde und machet sie euch untertan und herrschet« – zur Vernunft gesprochen (These 7). Selbst nach dem Sündenfall habe Gott der Vernunft ihren Herrschaftsauftrag nicht genommen, ihn vielmehr bekräftigt (These 9).

Doch nun hat Luther die *theologische* Definition des Menschen nicht etwa im Rahmen dieser philosophischen Definition entwickelt, sondern dafür einen anderen, eigenen Weg gewählt. Wieder ist ihm die Hinsicht entscheidend, in

2. Das Bild vom Menschen

der vom Menschen die Rede ist. Während die philosophische Betrachtung ganz im Recht ist, den Menschen von seiner vornehmsten Kraft, der Vernunft, aus zu definieren, ändert sich für die theologische Definition alles, da nun der Mensch als vor Gott stehend gemeint ist und also nicht mehr nur der auf das Leben in dieser Welt beschränkte, sondern der *ganze* Mensch. Die abstrakte Definition der Philosophie wandelt sich dabei zu einer narrativen Definition: Die Heilsgeschichte wird zum Horizont dessen, was der Mensch in theologischer Hinsicht ist – von Gott erschaffen und zu seinem Ebenbild bestimmt, danach aber durch Adams Fall der Macht des Teufels unterworfen, mithin zur Sünde und zum Tod bestimmt, jedoch durch Christus davon befreit und mit ewigem Leben beschenkt (Thesen 21–23). In *dieser* Hinsicht – und also nicht etwa überhaupt – steht die Vernunft für Luther unter der Macht des Teufels (These 24), da sie von der göttlichen Vollmacht, über die Erde zu herrschen, nicht länger einen Gott entsprechenden Gebrauch zu machen imstande sei.

Die harsche Vernunftkritik, die darin zum Ausdruck kommt, erinnert an andere Invektiven Luthers bis hin zu seiner drastischen Rede von der »Hure Vernunft«. Aber selbst diese extreme Wendung ist nicht einfach schäumende Polemik, sondern eine in aller Drastik präzise gebrauchte Metapher. Die Vernunft, soll das heißen, ist ehrlos, sie treibt es mit jedem. Was darin anklingt, stimmt mit dem Gehalt der »Über den Menschen« aufgestellten Thesen überein: Die Vernunft werde, wenn auch an sich »geradezu göttlich«, durch einen ihr nicht gemäßen Gebrauch pervertiert, zumal ihr seit dem Sündenfall die Tendenz innewohne, sich absolut zu gebärden. Das wird vor allem bei der für Luther zentralen Frage akut, was den Menschen letztlich gewiss machen kann. Wollte die Vernunft auch darauf noch antworten, so würde sie sich einer ungebührlichen Grenzüberschreitung schuldig machen.

Das mag nun freilich moderner klingen, als es gemeint ist. Luther hat sich für die Vernunft nie im Hinblick auf die Dialektik ihres Selbstverhältnisses interessiert, sondern immer nur als Antipode des Glaubens. Vernunft oder Glaube – darauf läuft für ihn in geistlicher Hinsicht am Ende alles hinaus. So gilt ihm denn auch als elementare Pflicht des Glaubens, die Beziehungen, aber auch die Scheidelinie zur Vernunft fortwährend neu zu bedenken.

Gegenüber einer sich selbst absolut setzenden und darin ihre Bestimmung verfehlenden Vernunft beruft sich Luther auf ein Wort des Paulus: Der Mensch wird nicht durch seine Werke, sondern durch Glauben gerecht. Darin, meint Luther, komme das Wesen des Menschen in definitorischer Kürze zum Ausdruck (These 32). Denn niemals gehe ein Mensch bereits in dem auf, was er in seinem Erdenleben getan oder versäumt hat. Erst Gott selbst als der Horizont seines Lebens lasse ihn als *ganzen* Menschen ansichtig werden (These 34).

Was nun aber das irdische Leben betrifft, so sei dies für Gott nur das Material der künftigen Lebensgestalt (These 35): »Gleichwie sich Erde und Himmel im Anfang zu der nach sechs Tagen vollendeten Gestalt verhielt, nämlich als deren Material, so verhält sich der Mensch im irdischen Leben zu seiner künftigen Gestalt, bis dann das Ebenbild Gottes wiederhergestellt und vollendet sein wird« (Thesen 37 f.).

Damit ist der Mensch durchaus nicht zu totaler Passivität verdammt. Das Leben in *dieser* Welt betreffend, ist die Vernunft sehr wohl gefordert, das Nötige zu gestalten, das Gute zu fördern und dem Bösen zu wehren. Aber es ist zugleich daran erinnert, dass wir Menschen am Ende doch nicht das ausschlaggebende Subjekt unserer Lebensgeschichte sind: *Gott* ist, aufs Ganze gesehen, der Autor unserer Biographie. Insofern läuft Luthers Unterscheidung von irdischem und ewigem Leben wiederum darauf hinaus, den Christenmenschen an seine zweifache Bürgerschaft zu erinnern: im Reich Christi und im Reich der Welt.

Diese Unterscheidung zu respektieren und also Gott und Welt, Ewigkeit und Zeit, Glaube und Vernunft nicht blindlings zu vermischen, lässt den Menschen auch schon im irdischen Leben zu seiner Wahrheit kommen. Oder, wie Luther 1530 an Spalatin schrieb: »Wir sollen Menschen und nicht Gott sein. Das ist die Summa«.[78]

3. Sprachgewalt und Sprachverständnis

Luther ist vor allem als ein Mann des Wortes in Erinnerung geblieben. Das betrifft nicht allein seine Lebensaufgabe, das Gotteswort zu predigen und zu lehren. Auch das menschliche Wort stand ihm in seltener Vollmacht zu Gebote. Wie kaum einer neben ihm hat Luther das Instrument menschlicher Rede beherrscht und den Zielen, die er verfolgte,

Abb. 11: Die Bibelübersetzung. Gustav König, Stahlradierung, 1851 (Ausschnitt).

dienstbar gemacht. Auffallend ist dabei nicht zuletzt die ungewöhnlich große Zahl der Register, über die er verfügte, von verhaltenster Zartheit bis hin zu ganz unglaublichen Grobheiten wie etwa dieser: »Du weißt, dass du ein unverständiger Narr hierzu bist, Bücher zu schreiben«, heißt es in der Antwort auf eine Schrift des Herzogs von Braunschweig-Wolfenbüttel, »du solltest nicht eher ein Buch schreiben, du hättest denn einen Furz von einer alten Sau gehöret, da solltest du dein Maul dagegen aufsperren und sagen: Habe Dank, du schöne Nachtigall, da höre ich einen Text, der ist für mich«.[79]

Die sprachliche Meisterschaft Luthers durchzieht sein gesamtes schriftliches Werk. Am deutlichsten ist sie in seiner Bibelübersetzung zu greifen, da hier der Vergleich mit den ursprachlichen Vorlagen die stilistischen Eigenheiten des Übersetzers besonders klar hervortreten läßt. Luthers Deutsche Bibel ist frei von allen Misstönen, die der Autorität des heiligen Buches zuwiderlaufen würden. In feiner ästhetischer Differenzierung sucht Luther die stilistischen Nuancen einzelner Textabschnitte nachzubilden, nicht zuletzt mit Hilfe rhetorischer Gestaltungsmittel, deren er sich souverän zu bedienen wusste. Nichts ist nur Zufall in Luthers Sprachgestaltung, weder die Stellung des Prädikats noch die verschiedenen Genitivformen, nicht einmal das Schwanken in der Verwendung des nebentonigen Vokals: »Und er kam in das Haus ... und sähe das Getümmel und die da sehr weineten und heuleten« (Markus 5,38). »Wenn ihr stehet und betet, so vergebet, wo ihr etwas wider jemand habt« (Markus 11,25). Auch die Alliteration (Stabreim) ist ein von Luther gern gebrauchtes Mittel – »*L*asst euer *L*icht *l*euchten vor den *L*euten« (Matthäus 5,16) – wie überhaupt die hörbaren, klangmalerischen Elemente der Sprache: »*I*hr werdet *f*inden das *K*ind *i*n *W*indeln gew*i*ckelt und *i*n *e*iner Kr*i*ppe l*i*egen« (Lukas 2,12).

Das Geheimnis des Übersetzens liegt für Luther in einem nicht nur mentalen, sondern ganzheitlichen Sich-Einlassen auf den zugrundeliegenden Text. Erst wenn man den Affekt eines Textes erfasst hat, ihn also im eigenen Herzen nachempfindet, taugt man zu seiner Wiedergabe: »Die das nit können tun, denen ist's verboten zu lesen«.[80] Wie stark Luther die eigenen Affekte in seine Dolmetschung einfließen läßt, ließe sich am Beispiel der schwermütig gestimmten Passagen aus Jeremia oder der Offenbarung vorzüglich studieren: Wer so übersetzt, muss auch selber von Grauen und Angst geschüttelt worden sein.[81]

Angesichts der Sprachgewalt, die Luther zu Gebote stand und die er meisterlich zu nutzen wusste, nimmt es nicht wunder, dass er auch die Frage nach Wesen und Bedeutung menschlicher Sprache immer wieder gestellt hat. Die Fähigkeit, sich sprechend zu verständigen, gilt ihm als das kennzeichnend Menschliche: »Es ist ja ein stummer Mensch gegen einen redenden im Grunde als ein halb toter Mensch zu achten, und kein kräftigeres noch edleres Werk am Menschen ist denn Reden. Sintemal der Mensch durchs Reden von anderen Tieren am meisten geschieden wird, mehr denn durch die Gestalt oder andere Werke«.[82]

Die Sprache des Menschen, meint Luther, ist eine Gabe Gottes und insofern geradezu göttlich. Erst sie macht den

Menschen zum Menschen. Darum gilt ihm nicht nur ein stummer Mensch »als ein halb toter Mensch«, sondern ebenso auch »ein voller Mensch«: Er kann, da aller Vernunft und Sprache beraubt, weder reden noch arbeiten – »da liegt er als ein Klotz«, halb tot auch er.[83]

Die Sprache erlaubt es dem Menschen, sein Innerstes nach außen zu kehren. Als Gabe Gottes ist sie für Luther aber nicht eine ursprüngliche Potenz des Menschen, sondern das Resultat dessen, dass Gott den Menschen immer schon angeredet *hat*. Dass wir zwei Ohren, aber nur eine Zunge haben, gilt darum Luther als der sinnenfällige Ausdruck dessen, dass wir lieber lernen als lehren sollen und lieber hören als uns hören lassen. Das ist zwar auf das Gottesverhältnis gemünzt, taugt aber ebenso auch als eine zwischenmenschliche Tugend.

Die Sprache, dieses edelste Werk am Menschen, verfügt über eine entsprechende Macht: Sie kann das höchste Gut bewirken, aber ebenso auch den schlimmsten Schaden anrichten. So oder so bewirken die Worte am meisten unter den Menschen. Luther hat darum den Rufmord ausdrücklich dem Geltungsbereich des Gebots »Du sollst nicht töten« unterstellt. Denn die Sprache gleicht einem Bogen, der scharfe Pfeile – nämlich böse Worte – ins Herz schießen kann: »Das ist ein Stich, der nicht blutet«. Das ändert nichts daran, dass die Sprache die vornehmste Gottesgabe ist. Auch hier muss man Wesen und Gebrauch zu unterscheiden wissen. Denn Gott hat allen Menschen, auch den Lügnern und Papisten, eine gute Sprache gegeben, aber der Gebrauch, den diese von der Sprache machen, ist vom Teufel verdorben.

Den einzig angemessenen Gebrauch der Sprache sieht Luther darin, Gott zu loben, will sagen: in einer ihm gemäßen Weise zu reden und also die Macht, die von menschlichen Worten ausgehen kann, in der Verantwortung vor Gott zu gebrauchen. Die Macht des Wortes betreffend, hat Luther immer wieder an die Analogie zur Allmacht Gottes erinnert. Gerade in den alltäglichsten Wendungen ist ja etwas sichtbar geblieben von der ontologischen Macht des Wortes. Denn gleichwie Gott einem Menschen den Himmel *absprechen* oder *zusprechen* kann, so vermag auch ein Christ dem Teufel zu *entsagen*, so kann ein Richter dem Angeklagten das Leben *absprechen* und ein jeder Mensch dem andern, was ihm zusteht, *versagen*, ihm aber auch Verzeihung oder die Gnade Gottes *zusagen*. Und wenn umgekehrt einer getröstet oder entschuldigt wird, soll er sich dies *gesagt sein lassen*: Erst dann kann das Trost- und Vergebungswort wahr werden an ihm.

Das Wort gilt Luther als das Spiegelbild des Herzens. Wenn auch nicht jede Herzensregung ausgesagt werden könne, so stehe doch hinter jedem Wort ein Gedanke des Herzens. Diese Grundauffassung führt Luther zu einer ungewöhnlichen Definition von Wahrheit und Lüge. Während die philosophische Schulweisheit die Übereinstimmung von Auffassung und äußerer Wirklichkeit, von Verstand und Gegenstand, als Wahrheit definiert, ist sie für Luther die Übereinstimmung von Wissen und Sagen, von Herz und Mund. Insofern muss auch der als Lügner gelten, der in verleumderischer Absicht eine Wahrheit sagt. Erst recht aber ist der Schönredner ein Lügner, weil er nicht allein anders redet, als er handelt, sondern dazu auch anders redet, als er denkt und fühlt: Weil sein Inneres davon unberührt bleibt, kleben ihm seine Worte auf der Zunge wie der Schaum auf dem Bier. Was er spricht, sind tote Worte: sie »stinken vor Lügen«. Das ist für Luther freilich keine zweckfreie Erwägung, sondern eine gezielt eingesetzte Waffe im polemischen Kampf. Vor allem gegen die römische Kirche gebraucht er diese Figur: Der Papst lehrt zwar Gottes Gebot, aber er tritt es mit Füßen. Und auch die Priester glauben nicht, was sie sagen, und sprechen ihre Gebete für Geld, ohne Herz und Verstand. Darum werden die Worte ihres Mundes durch die »Gegenworte« ihres Herzens als Lügen entlarvt.[84]

Ein Lügner vermag die Menschen zu täuschen, weil diese nur sein Wort hören, nicht jedoch ihm ins Herz sehen können. Gott aber lässt sich nicht belügen. Er sieht dem Lügner ins Herz und weiß, dass dessen Wort, das gegenüber den Menschen eine Lüge ist, eben darin die Wahrheit sagt über ihn selbst. Herz und Mund in Übereinstimmung zu halten: das ist für Luther der Schlüssel zu einem Gott gemäßen Gebrauch menschlicher Sprache.

Luthers Äußerungen zur Sprache des Menschen sind über sein ganzes schriftliches Œuvre verstreut. Aus ihnen lässt sich keine Sprachlehre destillieren, erst recht nicht eine Sprachphilosophie. Sie zeigen aber, dass Luther sein Leben lang das Wunder der Sprache bestaunt und bedacht hat. Vergleichsweise gering ist sein Interesse für den empirischen Sprachenvergleich. Immerhin ist ihm die Vielfalt der deutschen Dialekte deutlich bewusst. So beklagt er, dass man sich in Deutschland oft schon auf eine Entfernung von

30 Meilen nicht mehr verständigen könne. Der märkische Dialekt gilt ihm als vornehm: Die Märker bewegten kaum ihre Lippen beim Sprechen. Die oberdeutschen Dialekte schneiden weniger gut ab: Sie klängen hart und seien längst nicht so geschmeidig wie die märkische, sächsische oder hessische Mundart.

Ungleich wichtiger als solche Beobachtungen war ihm der kommunikative Charakter der Sprache: »Das Wesen des Wortes ist, gehört zu werden«. Die darin angezeigte Prävalenz des Sprechens hat Luthers Stil tief geprägt; was immer er schreibt – es seien Briefe, Bücher oder die Biblia Deutsch – ist gebunden ans lebendige, gesprochene Wort – seine Texte sind zum Sprechen und Hören bestimmt. Den Vorrang der gesprochenen Sprache – »die Stimme ist die Seele des Wortes« – hat er auch in pädagogischer Hinsicht fruchtbar gemacht: Wenn seiner vierjährigen Magdalene aus dem täglichen Umgang eine Sprachkompetenz erwachsen sei, die sie in zehn Jahren nicht aus Büchern hätte lernen können, so gelte das entsprechend auch für Erwachsene. »Es lernet ein jedermann gar viel besser Deutsch oder andere Sprachen aus der mündlichen Rede, im Hause, auf dem Markt und in der Predigt (!) denn aus den Büchern. Die Buchstaben sind tote Wörter, die mündlichen Reden sind lebendige Wörter, die geben sich nicht so treffend und gut in die Schrift, als sie der Geist oder Seele des Menschen durch den Mund gibt«.[85]

Da nun aber die Sprache als ein Spiegel des Herzens erscheint, müsste der christliche Glaube, diese Herzenssache par excellence, auch sprachlich wahrnehmbar sein. Eben dies ist die Auffassung Luthers. Gleichwie die Sprache unter allen Lebewesen die Menschen kenntlich mache, so entsprechend auch unter allen Menschen die Christen: »Wenn man die Zungen und Ohren hinweg tut, so bleibt kein merklicher Unterschied zwischen dem Reich Christi und der Welt. Denn ein Christ gehet im äußerlichen Leben daher wie ein Ungläubiger ... Allein diese zwei Gliedmaßen machen einen Unterschied unter Christen und Unchristen, dass ein Christ anders redet und hört«.[86]

Diese Sprache der Christen einzuüben und im Schwange zu halten, ist die Aufgabe christlicher Predigt. Hier vor allem ist Luther bemüht, die an der Bibel orientierte christliche Metaphorik als einen ungeheuren, aus dem Glauben erwachsenen sprachlichen Reichtum zu erschließen. Als Beispiel nennt er einen Satz des Paulus, in dem dieser das Sterben des Menschen mit dem Aussäen eines Samens vergleicht. Dieses Bild greift Luther auf und spinnt es noch fort, indem er Gott selbst zum Sämann werden lässt, der »dich, mich am Kopf greift und auswirft ... Wir sind seine Körnlein; wenn er mich heute oder morgen ergreift, so gehe ich dahin«. Indem Luther die gottesdienstliche Gemeinde direkt angesprochen sein lässt (»dich«, »mich«, »wir«, »ich«), sehen sich seine Hörer genötigt, mit der Einübung dieser »neuen Sprache« sogleich zu beginnen. Wird der eigene Tod als Saatwurf Gottes verstanden, so lernt man auch, in der scheinbaren Verwesung des Saatkorns die göttliche Verheißung zu sehen. Gegen die Meinung der Welt das Urteil Gottes zu übernehmen: Dies hat Luther als die Grundbewegung christlicher Sprache bestimmt. Weil die Christen

»ander Leut sind, die nicht mehr irdisch ... reden, sondern himmlisch als Gottes Kinder und der Engel Gesellen, so müssen sie auch ... diese Sprache verstehen und reden, die man im Himmel redet«. Sodass man die Menschen, die begraben werden, nicht länger als »ein stinkend, verfaulet Aas oder Totenbein« verstehen wird, sondern als »eitel Körnlein, die da bald sollen daherwachsen, unsterblich und unverweslich, viel schöner denn die grüne Saat auf dem Felde, wenn es Sommer wird«.[87]

Diese »neue Sprache«, dieses »himmlische Deutsch« zu lernen und einzuüben, ist der Prediger Luther nicht müde geworden. Unübersehbar sind denn auch die sprachlichen Schätze, die sich dabei angehäuft haben. Wenn Luther christliche Predigt als die Sprachschule des Glaubens versteht, dann ist er darin gewiss sein gelehrigster Schüler gewesen.

4. Verhärtungen

Der »alte Luther« erscheint zumeist in einem düsteren Bild, überhäuft mit einer kaum vorstellbaren Fülle an Arbeit und Verantwortung, umhangen von immer dichteren Wolken aus Schwermut, Starrheit und Resignation. Die zunehmenden Verhärtungen, die an ihm zu beobachten sind, gründen nicht zuletzt darin, dass eine Vielzahl von Hoffnungen, die sein mutiges Auftreten gegen Papst und Kaiser einst ausgelöst hatte, nicht erfüllt worden sind und so auch den apokalyptischen Horizont, vor dem er sein Leben und seine Zeit schon immer verstanden hat, um einiges näher heranrücken ließ – noch dazu, wo sich die Grenzen der eigenen Kräfte immer deutlicher in Erinnerung brachten. Die Haltung gegenüber den Wiedertäufern kann dafür als symptomatisch gelten: Hatte sich Luther um 1528 noch vergleichsweise moderat geäußert, rief er schon wenige Jahre später die Obrigkeit zu harter Bestrafung auf und nahm davon auch die Todesstrafe nicht aus. Dass Luthers Aufruf, sich der »Täufer« zu erwehren, nicht deren Glauben zu verfolgen, sondern lediglich ihre Störung des öffentlich-rechtlichen Lebens zu ahnden vorgab, mochte aus Luthers theologischer Sicht als folgerichtig erscheinen, stellte aber in den Augen von Andersgläubigen eine nicht mehr unterscheidbare Verquickung von eigenem Glaubensbekenntnis und obrigkeitlicher Machtpolitik dar. Ihm selbst aber – sollte er dafür einen Sinn gehabt haben – war es egal.

Die landläufige Rezeption der späten Verhärtungen Luthers neigt zu Einseitigkeiten: Entweder werden sie stillschweigend übergangen oder doch weithin verharmlost, so als könnte beispielsweise die – ja durchaus zutreffende – Auskunft, Luthers antijüdische Invektiven seien nicht rassistisch, sondern allein religiös motiviert, bereits eine zufriedenstellende Erklärung sein. Oder aber man ergeht sich in der hämisch breitgetretenen Zitation einiger ausgesuchter Scheußlichkeiten, die Luther als Ausgangspunkt einer bis zum Holocaust führenden Blutspur zu entlarven scheinen.

Um so mehr kommt es demgegenüber auf historische Nüchternheit an: Gegen jede Form klischierender Ideologi-

Abb. 12: Die Kirche der wahren Christen belagert von den Truppen des Papstes und der Türken, Matthias Gerung, um 1550.

sierung von Geschichte ist daran zu erinnern, dass man eine vergangene Zeit niemals nach den Erfahrungen und ethischen Sensibilisierungen beurteilen kann, die uns seitdem womöglich zugewachsen sind. Umgekehrt bleibt bei allem historischen Differenzieren und Erklären doch der Schatten bestehen, den Luthers Hartherzigkeit auf seine letzten Jahre geworfen hat. Nichts wäre fataler, als ausgerechnet an dieser Stelle jenes bekannte Diktum Lessings zu zitieren, wonach Luther »bey mir in einer solchen Verehrung (stehet), dass es mir, alles wohl überlegt, recht lieb ist, einige kleine Mängel an ihm entdeckt zu haben, weil ich in der That der Gefahr sonst nahe war, ihn zu vergöttern«.[88]

Die Verhärtungen des alten Luther betreffen vor allem »die drei Erzfeinde Christi«: Türken, Papst und Juden. Die Türkenfrage gehörte schon lange zu den zentralen politischen und religiösen Fragen. Mit dem Sieg der Türken bei Mohács 1526 gewann sie jedoch brennende Aktualität. Zuvor schon hatte Luther vor jeder Art von Kreuzzugsmentalität gewarnt, da die türkische Gefahr vor allem geistlich zu verstehen sei: als ein disziplinarisches Mittel, durch das Gott die Christenheit heimsuche. Nun aber, nach 1526, sah sich Luther dem Verdacht ausgesetzt, einem Krieg gegen die Türken prinzipiell entgegenzustehen. Die notwendig gewordene Klärung kam 1529: »Vom Kriege wider die Türken«.[89] Luther konzedierte durchaus, dass die Türken ohne jeden Rechtsgrund fremde Länder überfielen. Dennoch galt ihm eine militärische Abwehr nicht als heiliger Krieg, sondern als weltliche Pflicht: Nicht die Wahrheit des Evangeliums, sondern die Schutzpflicht des Kaisers legitimiere dazu.

Die Bedrohung des christlichen Abendlands durch die Türken war für Luther ein deutlicher Hinweis auf die angebrochene Endzeit, erst recht seit sie 1529 bis vor die Tore Wiens vorgerückt waren. Dass die Belagerung noch im selben Jahr wieder aufgehoben wurde, bewies ihm nicht etwa das Gegenteil; er nahm es vielmehr als eine letzte Gnadenfrist, die Gott vor dem Ende den Seinen noch eingeräumt hat. Das eindringende Studium des Propheten Daniel bestärkte ihn in seiner apokalyptischen Deutung der Türkengefahr: Seine »Heerpredigt wider die Türken«[90] kam Ende 1529 heraus.

Die Kenntnisse, die Luther von Türkenreich und islamischer Religion sich aneignen konnte, waren dürftig genug. Erst 1542 hat er den Koran kennengelernt, noch dazu in einer ganz unzureichenden lateinischen Übersetzung. Dieses Defizit mag ihn darin bestärkt haben, die türkische Bedrohung viel eher als eine geistliche denn als politisch-weltliche Herausforderung zu verstehen.

Welche Macht der Christenheit am Ende gefährlicher sei, die türkische oder die päpstliche, lautete immer wieder seine Frage. Beide schienen ihm die Gnade Gottes von den guten Werken des Menschen abhängig zu machen anstatt von seinem Glauben allein. Immer stärker sind seine Gedanken nun auch auf die Figur des Antichrist gerichtet, diesen endzeitlichen Gegenspieler Christi. Interessant ist aber, dass Luther auch hierin zu unterscheiden wusste. Die von Papst und Türken ausgehenden Gefahren hielt er insofern für analog, als das Papsttum, wie er meinte, die Christenheit von innen heraus bedrohe, die Türken aber von außen.

Doch nur die innere Gefahr, das Papsttum, galt ihm als die Inkarnation des Antichrist, die Türken hingegen lediglich als eine göttliche Geißel.

Um 1542 dichtete Luther »Ein Kinderlied, zu singen wider die zween Erzfeinde Christi und seiner heiligen Kirchen, den Papst und Türken«:[91]

Erhalt uns, Herr, bei deinem Wort
Und steur *des Papsts und Türken Mord*,
Die Jesum Christum, deinen Sohn,
Wollten stürzen von deinem Thron.

Erst viel später sind diese Verse zu der harmloseren Fassung entschärft worden, die noch heute in den Gesangbüchern steht: »Erhalt uns, Herr, bei deinem Wort / Und steure *deiner Feinde Mord* ...«. —

Schärfer noch als gegen Türken und Papst hat sich Luther gegen die Juden geäußert. Auch die Erinnerung an das allgemein stark judenfeindliche Klima jener Zeit lässt diese Ausbrüche kaum als entschuldbar erscheinen, nur als weniger exzeptionell. Immerhin hatte sogar der feinsinnige Erasmus 1517 die Franzosen dazu beglückwünscht, dass sie das Königreich »aufs Gründlichste« von den Juden befreit hätten.

Zunächst war Luther voller Optimismus: Dass die reformatorische Erneuerung des biblischen Christuszeugnisses nun auch endlich den Juden würde die Augen öffnen können, dessen war er gewiss. In freundlichen Tönen trägt er ihnen 1523 einen rational argumentierenden Beweisgang vor

(»Dass Jesus ein geborener Jude sei«[92]) und appelliert dabei nachdrücklich an ihren Verstand. Seine Argumente hält er für unwiderstehlich, da doch sowohl die Weissagungen der Propheten wie das Gerichtshandeln Gottes zeigten, dass Christus der wahre Messias sei, den auch die Juden erhofften. Dieser unerschütterliche Glaube hat Luther zunächst zu starken missionarischen Hoffnungen beflügelt. Entsprechend großzügig waren die Methoden, die er vorschlug: Die Juden sollten allein in Gestalt biblischer Belehrung missioniert werden; jedwede Form sozialer Diskriminierung wies er (noch) von sich.

Eine erste starke Ernüchterung scheint aus einer privaten Diskussion mit drei rabbinischen Gelehrten erwachsen zu sein, in der es um die rechte Auslegung alttestamentlicher Texte gegangen war. Kurz darauf, 1526, spricht Luther zum ersten Mal in auffallender Schärfe über das nachbiblische Judentum und seine vermeintliche Verstockung. Den Talmud, zentrales Gesetzbuch der Juden, vergleicht er mit Koran und Kanonischem Recht, welches letztere er 1520 mitsamt der ihn betreffenden Bannandrohungsbulle ins Feuer geworfen hatte.

Wohl im Zusammenhang der damals allgemeinen Judenvertreibungen hat auch der Kurfürst von Sachsen die Juden des Landes verwiesen und ihnen die Durchreise verweigert. Was ihn dazu veranlasste, ist nicht bekannt. Immerhin könnte es als ein Indiz dafür gelten, dass sich die allgemeine Stimmung auch in Wittenberg zu verschärfen begann.

Sieben Jahre später erscheint Luthers umfangreichste Äußerung: »Von den Juden und ihren Lügen« (1543).[93] Nun ist jede Hoffnung dahin, die Juden argumentierend bekehren zu können. Stattdessen warnt er nur noch die Christen davor, zum jüdischen Glauben überzuwechseln. Breiten Raum nimmt auch die Schilderung ein, mit welchen Lästerungen sich die Juden angeblich an Christus versündigten. Dabei lässt sich Luther auch dazu hinreißen, die alten, schon im Mittelalter heillos missbrauchten Vorwürfe zu erneuern, die Juden würden den Ritualmord üben und die Brunnen vergiften. Zusehends steigert er sich schreibend in rasende Wut und ereifert sich maßlos über den »Wucher« der Juden. Wieder ist es der Antichrist, den er in ihnen am Werk sieht. Sodass ein jeder, der die Juden noch duldet, sich mitschuldig mache an ihrer Gotteslästerung.

Nun schlägt Luther einen ganzen Katalog von Maßnahmen vor, mit denen die Obrigkeit die Christusfeindschaft der Juden unterbinden könnte: Die Synagogen soll man verbrennen und zerstören, die Juden aus ihren Häusern treiben und, den Zigeunern gleich, in Notunterkünfte stecken, auch sollten ihre religiösen Bücher konfisziert und die Rabbiner mit strengem Lehrverbot belegt werden. Als letzte Maßnahme nennt schließlich auch Luther den Landesverweis. Zwar sollten diese obrigkeitlichen Maßnahmen frei bleiben von persönlicher Rache. Dass es gleichwohl auf eine umfassende soziale Diskriminierung der Juden hinauskam, konnte er nicht übersehen.

Je mehr Luther die Hoffnung, die Juden mit Argumenten zum christlichen Glauben bekehren zu können, entschwindet, desto schroffer verlangt er ihre soziale und rechtliche Diskriminierung. Seine antijüdischen Invektiven geraten mitunter derart unflätig, dass sie auch von protestantischen Zeitgenossen deutlich missbilligt werden. Bis zu seinem letzten öffentlichen Auftreten wird der alte Luther davon beherrscht. Seine letzte Predigt, gehalten in Eisleben am 15. Februar 1546, drei Tage vor seinem Tod, beschließt er mit einer harschen »Vermahnung wider die Juden«,[94] die er wegen angeblicher Lästerung Christi aus der Gesellschaft auszustoßen fordert.

Man wird nicht sagen können, dass die unmittelbare gesellschaftspolitische Wirkung von Luthers Judenschriften irgend erheblich gewesen sei. Dennoch bleibt es bedrückend, wie engagiert der alt gewordene Luther dieses Thema verfolgt hat und wie dicht Erleuchtung und Verblendung in seinen letzten Predigten beieinander liegen.

5. Die letzte Reise

Im 63. Lebensjahr ist Luther gestorben. Damit hat er ein für seine Zeit respektables Alter erreicht. Er war von robuster Natur, wenngleich hoch sensibel, und ungeheuer leistungsfähig. Die Arbeitslast, die pausenlos und über Jahrzehnte auf seinen Schultern lag, ist kaum vorstellbar. Allein schon der Blick auf seine schriftliche Hinterlassenschaft, gesammelt in über 100 dickleibigen Bänden der maßgebenden Kritischen Ausgabe – das entspricht etwa 1800 Druckseiten pro Arbeitsjahr! –, lässt einen staunen über so viel Lebenskraft. Stets hat er bis an den Rand der Erschöpfung gearbeitet.

Doch auch die Krankheit war in seinem Leben ein oft gesehener Gast. Eine Angina pectoris plagte ihn über Jahrzehnte hinweg; ein schwerer Anfall ließ schon 1527 das Schlimmste befürchten, und vermutlich ist diese Krankheit dann auch zur Ursache seines Todes geworden. Als weitere chronische Erkrankungen sind vor allem Kopfschmerzen sowie ein hartnäckiges Harnleiden zu nennen, welches letztere ihm 1537 während einer Reise nach Schmalkalden fast das Leben gekostet hätte. »Ich bin«, schreibt er, nachdem alles überstanden ist, an seine Käthe, »nicht über drei Tage hier gesund gewest, und ist bis auf diese Nacht vom ersten Sonntag an kein Tröpflein Wasser von mir kommen, hab nie geruhet noch geschlafen, kein Trinken noch Essen behalten mögen. Summa, ich bin tot gewest und hab Dich mit den Kindlein Gott befohlen ... Nun hat man so sehr gebetet für mich zu Gott, dass vieler Leute Tränen vermocht haben, dass mir Gott diese Nacht der Blasen Gang hat geöffnet, und in zwo Stunden wohl ein Stübigen (ca. 4 Liter) von mir gegangen ist, und mich dünket, ich sei wieder von neuem geboren«.[95]

Seine letzten körperlichen Kräfte hat Luther auf die Schlichtung eines Erbstreits verwendet, der die Mansfelder Grafen schon lange entzweit hatte. Schließlich baten sie Luther um Vermittlung und Hilfe, was dieser nicht ausschlagen wollte, zumal es ihm ein Hilferuf der alten Heimat war. Mehrmals hat sich Luther Ende 1545 mit Briefen und Besuchen eingeschaltet, wenn auch ohne rechten Erfolg.

So brach er Ende Januar 1546 abermals zu einer Reise ins Mansfeldische auf, begleitet von seinen drei Söhnen und dem Freund Justus Jonas, der in Halle dazustieß. Die winterlichen Verhältnisse machten die Reise beschwerlich; kurz vor dem Zielort Eisleben, schreibt er an seine Frau, »ging mir ein solcher kalter Wind hinten zum Wagen ein auf meinen Kopf, durchs Barett, als wollt mir's das Hirn zu Eis machen«.

Die Verhandlungen kamen nur mühsam voran. Schließlich einigte man sich auf zwei Vertragswerke, mit denen die wichtigsten Probleme gelöst waren. Viermal hat Luther daneben auch in der Eislebener Andreaskirche gepredigt, trotz erheblicher körperlicher Schwäche. Frau Käthe hatte allen Grund, um ihn sich zu sorgen. Doch Luther tröstete sie in der ihm eigenen Mischung aus Heiterkeit und Gottvertrauen: »Lass mich zufrieden mit Deiner Sorge, ich hab einen bessern Sorger, denn Du und alle Engel sind, der liegt in der Krippen und hänget an einer Jungfrauen Zitzen, aber sitzet gleichwohl zur rechten Hand Gottes, des allmächtigen Vaters. Darum sei zufrieden, Amen«.[96] Im nächsten Brief heißt es: »Allerheiligste Frau Doktorin! Wir danken Euch ganz freundlich für Euer große Sorge, vor der Ihr nicht schlafen könnt. Denn seit der Zeit, Ihr für uns gesorget habt, wollt uns das Feuer verzehret haben in unser Herberge, hart vor meiner Stubentür, und gestern, ohn Zweifel aus Kraft Euer Sorge, hätte uns schier ein Stein auf den Kopf gefallen und zerquetscht wie in einer Mausefalle. Denn es in unserm heimlichen Gemache (= Toilette) wohl zween Tage über unserm Kopf rieselt Kalk und Leim, bis wir Leute dazu nahmen, die den Stein anrühreten mit zweien Fingern, da fiel er herab, so groß als ein lang Kissen und einer großen Hand

5. *Die letzte Reise* 171

Breit. Der hatte im Sinne, Euer heiligen Sorge zu danken, wo die lieben Engel nicht gehütet hätten. Ich sorge, wo Du nicht aufhörest zu sorgen, es möcht uns zuletzt die Erden verschlingen und alle Element verfolgen ... Bete Du und lasse Gott sorgen«.[97]

Am 16. Februar wurde der erste Schlichtungsvertrag unterzeichnet. Tags darauf kann Luther an der Unterzeichnung des zweiten Vertrags aufgrund akuter körperlicher Schwäche nicht mehr teilnehmen. In der Nacht zum 18. Februar ereilt ihn der Tod. Während der letzten Stunden sind Justus Jonas und der Mansfelder Prediger Coelius bei ihm gewesen. Immer wieder habe Luther gebetet, zuletzt mehrfach den ihm aus dem klösterlichen Psalmgebet vertrauten Vers »In deine Hände befehle ich meinen Geist«. Schließlich verstummte er. Mit Hilfe von Aquavit rief man den Sterbenden noch einmal zurück. Ob er auf Christus und die Lehre, die er, Luther, gepredigt habe, beständig bleiben und sterben wolle, fragen ihn Jonas und Coelius. Luther antwortet mit einem deutlich hörbaren »Ja«. Es blieb sein letztes Wort.

Von Luthers letzten Stunden haben Jonas und Coelius sogleich einen ausführlichen Bericht erstellt. Die Öffentlichkeit sollte über alle Einzelheiten seines Sterbens unterrichtet werden. Das apologetische Interesse ist dabei nicht zu übersehen: Es sollte zweifelsfrei feststehen, dass Luther glaubensstark und nicht in gottloser Verzweiflung gestorben ist. Die konfessionelle Polemik hatte denn auch bereits kurz nach seinem Tod allerhand Gerüchte in Umlauf gebracht bis hin zu jener abstrusen Verleumdung, Luther sei auf dem Sterbebett von der Verzweiflung übermannt worden, sein

Leben an eine Irrlehre verloren zu haben, und habe sich darum am Pfosten seines Bettes erhängt. Der Reformator als Judas Ischarioth: Noch im späten 19. Jahrhundert hat sich die kontrovers-theologische Polemik mitunter dieser bizarren Verleumdung bedient.

Zwei Tage lag der Leichnam Luthers in Eisleben aufgebahrt. Dann überführte man ihn nach Wittenberg. Dort wurde er unter feierlichem Geleit in die Schloss- und Universitätskirche gebracht. Im Trauergottesdienst predigte Bugenhagen als Stadtpfarrer auf deutsch und Melanchthon, der für die Universität sprach, lateinisch. Dann ist Luther in unmittelbarer Nähe der Kanzel beigesetzt worden. Als ein Jahr später die kaiserlichen Truppen in Wittenberg einfielen, gab Karl V. Befehl, das Grab seines Widersachers zu schonen. Luther hatte die Geschichte seiner Zeit in außergewöhnlicher Weise geprägt. Nun war er selbst Geschichte geworden.

Wie ein roter Faden zieht sich durch das Leben Luthers der Gedanke an den Tod. Das hat gewiss auch mit der hohen Sterblichkeitsrate zu tun, die den Tod von Säuglingen, Kindern und jungen Menschen alltäglich sein ließ: »Ich habe«, schreibt Luther, »meiner Kinder etliche sterben sehen und weiß, dass solche Sachen wehe tun«. Erst recht aber hat sich Luthers theologisches Denken insgesamt auf den Tod als seiner größten Herausforderung bezogen gewusst, in der es nicht weniger als die Wahrheit des Evangeliums auf dem Spiel stehen sah. Der Tod, dessen war sich Luther gewiss, lässt den einzelnen Menschen offenbar werden vor Gott. Dass er diese Einsicht durchgängig im Blick behalten hat, erklärt für sein Denken beides: den tiefen Ernst, von dem es geprägt ist, und auch seinen weltüberlegenen Humor.

Und doch hatte für ihn der Tod seinen Schrecken verloren, da dieser dem Glauben nicht das Ende des Lebens, sondern der Anfang eines Lebens ohne Ende ist. Diese Gewissheit konnte Luther oft in einer geradezu kindlichen Einfalt formulieren, so etwa im Brief an seinen todkranken Vater: »Denn unser Glaube ist gewiss und wir zweifeln nicht, dass wir uns bei Christum wiederum sehen werden in kurzem, sintemal der Abschied von diesem Leben für Gott viel geringer ist, denn ob ich von Mansfeld hierher von Euch oder Ihr von Wittenberg gen Mansfeld von mir zöget. Das ist gewisslich wahr: Es ist um ein Stündlein Schlafs zu tun, so wird's anders werden«.[98]

Luther wusste: »Das Leben behielt den Sieg, es hat den Tod verschlungen ... Ein Spott aus dem Tod ist worden«.[99] Darum hat er immer wieder mit dem Tod – und zumal mit dem eigenen Tod – seinen Spott getrieben. Als ihm irgendeine Lügenschrift über sein angebliches gotteslästerliches Sterben nebst anschließender Höllenfahrt zu Gesicht kam, quittierte er sarkastisch, er, Martinus Luther, bezeuge den Empfang der Nachricht seines Todes, habe sie auch gern und fröhlich gelesen und fühle sich durch sie »sanft auf der rechten Kniescheibe und an der linken Ferse« gekitzelt.

Immer wieder hat Luther, zumal unter der wachsenden Last der Jahre, seinen Tod herbeigesehnt. Doch als er schließlich nahte, reagierte Luther mit Spott und Humor: Er wollte den Tod längst nicht so ernst nehmen wie dieser sich selbst. Auf der letzten Reise nach Eisleben überquerte man in einem Kahn die Saale, die reißendes Hochwasser führte. Während der nicht ungefährlichen Überfahrt bemerkte Luther zu Jonas: »Wäre das dem Teufel nicht ein fein Wohlgefallen, wenn ich, Doktor Martinus, mit drei Söhnen und Euch im Wasser ersöffe!« Und noch an seinem letzten Abend sagte Luther, er wolle nun aus Eisleben nach Wittenberg heimziehen, sich dort in den Sarg legen und den Würmern einen guten feisten Doktor zu verzehren geben.[100]

Sein letztes Wort blieb jenes schlichte »Ja«, mit dem er sich sterbend noch einmal zu seinem Glauben bekannte. Bedrückend ist, was auf der Kanzel sein Abschiedswort wurde: die harsche »Vermahnung wider die Juden«, drei Tage vor seinem Tod. Als letztes schriftliches Zeugnis gilt eine beiläufig entworfene Notiz, die als sein »Letzter Zettel« berühmt geworden ist. Meist kennt man davon nur den – mit Pathos zitierten – abschließenden Satz. Doch der »Letzte Zettel« ist mehr: In ihm bündelt sich eine ungemein dicht formulierte hermeneutische Einsicht. Am Beispiel der Hirtengedichte Vergils, der politischen Schriften Ciceros und der biblischen Propheten macht Luther klar, dass sich rechtes Verstehen niemals in einer nur kognitiven Aneignung erschöpfen kann, sondern erst in der lebenspraktischen Verifikation ans Ziel gelangt: »Den Vergil in seinen Bucolica und Georgica kann keiner verstehen, der nicht fünf Jahre Hirt oder Bauer gewesen ist. Den Cicero in seinen Briefen versteht keiner, der nicht zwanzig Jahre in einem großen Staatswesen tätig gewesen ist. Die Heilige Schrift glaube keiner genügend verschmeckt zu haben, der nicht hundert Jahre lang mit den Propheten die Gemeinden geleitet hat«. Darauf folgt dann jener oft zitierte Spruch, der zunächst nur wie eine erbauliche Floskel klingt und doch in Wahrheit – am Ende des Textes und am Ende des Lebens – das hermeneutische Fazit zieht: »Wir sind Bettler. Das ist wahr«.[101]

ANMERKUNGEN

Diese kleine Einführung in Leben und Werk Martin Luthers stellt selbstverständlich keinen eigenständigen Beitrag zur Lutherforschung dar. Doch ist nicht auszuschließen, dass in der Strukturierung und Interpretation des Materials auch eigene Akzente zu erkennen sind. Dankbar erwähnt seien vor allem die Arbeiten von Gerhard Ebeling und Reinhard Schwarz.

Die lateinischen Luthertexte sind, sofern nicht anders vermerkt, vom Verfasser übersetzt, die deutschsprachigen Texte behutsam modernisiert worden.

1 Jacob und Wilhelm Grimm: Deutsches Wörterbuch, Bd. 5, Leipzig 1897, ND München 1984, 3293–3328, hier: 3300–3320.
2 Die folgenden Abschnitte sind in – teils recht engem – Anschluss an einen vorzüglichen Essay Gerhard Ebelings formuliert (G. Ebeling: Befreiung Luthers aus seiner Wirkungsgeschichte, in: ders.: Lutherstudien Bd. 3, Tübingen 1985, 395–404).
3 Conrad Ferdinand Meyer: Huttens letzte Tage (1871), XXXII.
4 »Warnung an seine lieben Deutschen«: WA 30/3, 276–320 = IL 4, 223–273.
5 WA 15, 32. – WA 46, 717.
6 Friedrich Nietzsche: Jenseits von Gut und Böse, Kritische Studienausgabe, hg. v. G. Colli u. M. Montinari, Bd. 5, München 1980, 191 (Nr. 247).
7 Friedrich Nietzsche: Sämtliche Briefe, Kritische Gesamtausgabe, hg. v. G. Colli u. M. Montinari, Bd. 6, München 1986, 479 (Brief vom 22.2.1884).
8 WA 25, 27.
9 WAB 5, 238–241 = Briefe 43–46. – WAB 6, 103–106 = Briefe 59–63.
10 WA 15, 46.
11 WA 38, 105.
12 WAT 4, 595 (Nr. 4967).
13 WAT 2, 613 f. (Nr. 2719).
14 WA 8, 573.

15 WA 45, 698.
16 WAT 3, 611 (Nr. 3781).
17 WAT 5, 467 (Nr. 6059).
18 WA 31/1, 226.
19 Ebd.
20 WA 38, 211 f.
21 WA 47, 817. – WA 50, 271. – WA 6, 329.
22 WA 3 und 4 (teilweise neu ediert in WA 55).
23 WA 54, 186; Übersetzung von G. Ebeling.
24 WA 56, 274.
25 WA 1, 233 – 238 = StA 1, 173 – 185 = IL 1, 26 – 37.
26 WAB 1, 188.
27 WA 7, 94 – 151 bzw. WA 7, 308 – 457 (= StA 2, 310 – 404).
28 WA 7, 161 – 182.
29 Gerhard Ebeling: Martin Luthers Weg und Wort, Frankfurt 1989, 29.
30 WA 6, 404 – 469 = StA 2, 89 – 167 = IL 1, 150 – 237.
31 WA 6, 497 – 573 = StA 2, 168 – 259.
32 WA 7, 20 – 38 = StA 2, 260 – 309 = IL 1, 238 – 263.
33 WA 7, 38 = StA 2, 305 = IL 1, 263.
34 WA 7, 28 = StA 2, 283 = IL 1, 249.
35 WA 7, 24 = StA 2, 273 = IL 1, 243.
36 WA 7, 35 = StA 2, 299 = IL 1, 260.
37 WA 6, 202 – 276 = StA 2, 12 – 88 = IL1, 38 – 149.
38 WA 7, 838.
39 Vgl. dazu Gerhard Ebeling: Lutherstudien Bd. 3, Tübingen 1985, 108 – 125 (»Das Gewissen in Luthers Verständnis«) und 385 – 389 (»Der kontroverse Grund der Freiheit«).
40 Heiko A. Oberman: Luther. Mensch zwischen Gott und Teufel, Berlin 1981.
41 WA 8, 685 = StA 3, 24 = IL 4, 31 f.
42 WA 8, 573 – 669.
43 WA 30/2, 635.
44 Vgl. Gerhard Ebeling: Lutherstudien Bd. 2, Teil 2, Tübingen 1982, 374 – 384.
45 WA 30/2, 632 = StA 3, 477 – 496 = IL 5, 140 – 161.
46 WA 4, 9.

47 WA 30/2, 635 = StA 3, 483 f. = IL 5, 145 f.
48 WA 30/2, 640 = StA 3, 489 = IL 5, 152.
49 Ebd.
50 WA 8, 676 = StA 3, 12–26 = IL 4, 19–35.
51 WA 10/3, 1–64 = StA 2, 520–558 = IL 1, 270–317.
52 WA 10/3, 3.
53 WA 10/3, 35.
54 Werner Hofmann: Luther und die Folgen für die Kunst, München 1983, 50. – Ebd. 51: »Theoretisch beginnt die Musealisierung des Kunstwerks mit der Reformation«.
55 Reinhard Schwarz: Luther, Göttingen 1986, 120.
56 WA 15, 27–53 = IL 5, 40–72.
57 WA 18, 291–334 = StA 3, 105–133 = IL 4, 100–131.
58 WA 11, 245–281 = StA 3, 27–71 = IL 4, 36–84.
59 WA 18, 357–361 = StA 3, 140–147 = IL 4, 132–139.
60 WA 18, 361 = StA 3, 147 = IL 4, 139.
61 WA 18, 384–401 = StA 3, 148–169 = IL 4, 144–171.
62 WA 18, 600–787 = StA 3, 170–356.
63 WAB 8, 99.
64 WAB 3, 635 = Briefe 28.
65 WAB 3, 482 = Briefe 15.
66 WAB 5, 350 f. = Briefe 50 f.
67 WAB 3, 533 = Briefe 19.
68 WAB 3, 539 = Briefe 22.
69 WAB 4, 511 = Briefe 39.
70 WAB 10, 150 = Briefe 100.
71 WAB 7, 91/9, 168/11, 149 = Briefe 67 f./84/112.
72 WA 30/3, 178–182.
73 WAB 5, 350/354 = Briefe 50/51 f.
74 WA 50, 192–254.
75 WA 5, 316.
76 Vgl. dazu den monumentalen Kommentar von Gerhard Ebeling: Lutherstudien Bd. 2, 3 Teile, Tübingen 1977/1982/1989.
77 WA 39/1, 175–177.
78 WAB 5, 415.
79 WA 51, 561.

80 WA 12, 444.
81 Diese Überlegung verdanke ich Peter Schünemann, München.
82 WADB 10/2, 100.
83 WA 19, 397.
84 WA 10/1/1, 722.
85 WA 54, 74.
86 WA 37, 513.
87 WA 36, 644.
88 Lessing: Briefe an den Herrn P. betr. Fall Lemnius (1753), in: Sämtl. Schriften, hg. v. K. Lachmann, ²1886 – 1924, Bd. 5, 43 f.
89 WA 30/2, 107 – 148.
90 WA 30/2, 160 – 197.
91 WA 35, 467 f.
92 WA 11, 314 – 336.
93 WA 53, 417 – 552.
94 WA 51, 195 f.
95 WAB 8, 50 f = Briefe 77 f.
96 WAB 11, 286 = Briefe 116 f.
97 WAB 11, 291= Briefe 118 f.
98 WAB 5, 241 = Briefe 46.
99 Aus der 4. Strophe von Luthers Osterlied »Christ ist erstanden«: WA 35, 444.
100 Vgl. dazu Eberhard Jüngel: Im Angesicht des Todes, in: H. J. Schultz (Hg.): Luther kontrovers, Stuttgart 1983, 162 – 172.
101 WAT 5, 317 f. (Nr. 5677).

ERSTE HINWEISE ZUR LITERATUR

Ausgaben:

WA = D. Martin Luther, Werke, Kritische Gesamtausgabe, Weimar
  1883 ff. (»Weimarer Ausgabe«)
WAB = Weimarer Ausgabe, Abteilung Briefe
WADB = Weimarer Ausgabe, Abteilung Deutsche Bibel
WAT = Weimarer Ausgabe, Abteilung Tischreden
StA = Martin Luther, Studienausgabe, hg. v. Hans-Ulrich Delius, 6 Bde,
  Berlin 1979 ff.
IL = Martin Luther, Ausgewählte Schriften, hg. v. Karin Bornkamm u.
  Gerhard Ebeling, Frankfurt 1982 (»Insel-Luther«)
Briefe = Martin Luther, Briefe an Freunde und an die Familie, hg. v.
  Albrecht Beutel, München 1987

Zu Leben, Werk und Wirkung:

Beutel, Albrecht: In dem Anfang war das Wort. Studien zu Luthers
  Sprachverständnis, Tübingen 1991.
Beutel, Albrecht (Hg.): Luther Handbuch, Tübingen 2005.
Bornkamm, Heinrich: Luther im Spiegel der deutschen Geistesgeschichte,
  Göttingen ²1970.
Bornkamm, Heinrich: Martin Luther in der Mitte seines Lebens. Das Jahrzehnt zwischen dem Wormser und dem Augsburger Reichstag, hg. v.
  Karin Bornkamm, Göttingen 1979.
Bott, Gerhard u. a.: Martin Luther. Sein Leben in Bildern und Texten,
  Frankfurt 1983.
Brecht, Martin: Martin Luther; Bd. 1: Sein Weg zur Reformation
  1483 – 1521, Stuttgart ³1989; Bd. 2: Ordnung und Abgrenzung der
  Reformation 1521 – 1532, Stuttgart 1986; Bd. 3: Die Erhaltung der
  Kirche 1532 – 1546, Stuttgart 1987.
Ebeling, Gerhard: Luther. Einführung in sein Denken, Tübingen ⁵2006.
Ebeling, Gerhard: Lutherstudien; Bd. 1, Tübingen 1971; Bd. 2: Disputatio
  de homine (3 Teile), Tübingen 1977 / 1982 / 1989; Bd. 3: Begriffsunter-

suchungen – Textinterpretationen – Wirkungsgeschichtliches, Tübingen 1985.

Ebeling, Gerhard: Umgang mit Luther, Tübingen 1983.

Ebeling, Gerhard: Martin Luthers Weg und Wort, Frankfurt 1989.

Fabiny, Tibos: Martin Luthers letzter Wille. Das Testament des Reformators und seine Geschichte, Bielefeld 1983.

Friedenthal, Richard: Luther. Sein Leben und seine Zeit, München ^{10}1983.

Hofmann, Werner: Luther und die Folgen für die Kunst, München 1983.

Jüngel, Eberhard: Zur Freiheit eines Christenmenschen. Eine Erinnerung an Luthers Schrift, München ^{3}1991.

Junghans, Helmar (Hg.): Leben und Werk Martin Luthers von 1526 bis 1546, 2 Bde., Göttingen 1983.

Lohse, Bernhard: Martin Luther. Eine Einführung in sein Leben und Werk, München ^{2}1982.

Lohse, Bernhard (Hg.): Der Durchbruch der reformatorischen Erkenntnis bei Luther – Neuere Untersuchungen, Wiesbaden 1988.

Oberman, Heiko A.: Luther. Mensch zwischen Gott und Teufel, Berlin 1981.

Schwarz, Reinhard: Luther (Die Kirche in ihrer Geschichte, 3.I), Göttingen 1986, ^{2}1998.

Vinke, Rainer (Hg.): Lutherforschung im 20. Jahrhundert. Rückblick – Bilanz – Ausblick, Mainz 2004.

Volz, Hans: Martin Luthers deutsche Bibel, Hamburg 1981.

ZEITTAFEL

1483	10. November Geburt Martin Luthers in Eisleben
1501	Beginn des Studiums an der artistischen Fakultät der Universität Erfurt
1505	Beginn des Studiums an der juristischen Fakultät; Eintritt in das Kloster der Augustiner-Eremiten in Erfurt
1507	Priesterweihe; Beginn des Theologiestudiums
1508/09	Luther wird zur Vertretung einer moralphilosophischen Professur vorübergehend an die – 1502 gegründete – kursächsische Universität Wittenberg versetzt
1510/11	Romreise im Auftrag des Ordens
1511	Endgültige Versetzung nach Wittenberg als Konventsprediger, Subprior der Augustiner-Eremiten (ab 1512), Prediger an der Stadtkirche (ab 1514) und Distriktsvikar des Ordens (ab 1515)
1512	Promotion zum Doktor der Theologie; Übernahme einer theologischen Professur
1517	Thesenanschlag; Beginn des Ablassstreits
1518	Melanchthon wird an die Universität Wittenberg berufen; Verhör Luthers durch Cajetan in Augsburg
1519	Wahl Karls V.; Leipziger Disputation
1520	Einige der reformatorischen Hauptschriften Luthers erscheinen
1521	Luther vor dem Reichstag zu Worms; Dem päpstlichen Bann folgt die Reichsacht
1521/22	»Schutzhaft« auf der Wartburg (Übersetzung des Neuen Testaments, andere wichtige Schriften); Wittenberger Unruhen
1522	Invocavit-Predigten
1524	Beginn der Auseinandersetzung mit den sog. Schwärmern
1525	Bauernkrieg (14. Mai Schlacht bei Frankenhausen; Thomas Müntzer wird am 27. Mai hingerichtet); 13. Juni: Luther wird mit der ehemaligen Nonne Katharina von

	Bora getraut;
	27. Juni: öffentliche Hochzeitsfeier;
	Dezember: »Vom unfreien Willen« (Der Bruch mit Erasmus)
1526	20. Mai: Geburt des ersten Kindes, Johannes (Hans) († 1575)
1527	10. Dezember: Geburt der Tochter Elisabeth († 3. August 1528)
1527/28	Kirchenvisitation in Kursachsen
1529	4. Mai: Geburt der Tochter Magdalena († 20. September 1542); Großer und Kleiner Katechismus; Marburger Religionsgespräch
1530	Augsburger Reichstag; Luther von 16. April bis 5. Oktober auf der Veste Coburg; 29. Mai: Tod des Vaters Hans Luder (geb. um 1458)
1531	30. Juni: Tod der Mutter Margarethe (geb. um 1463); 9. November: Geburt des Sohnes Martin († 1565)
1533	28. Januar: Geburt des Sohnes Paul († 1593)
1534	Erste Gesamtausgabe von Luthers Bibelübersetzung: »Biblia das ist die gantze Heilige Schrifft Deudsch«; 17. Dezember: Geburt der Tochter Margarethe († 1570)
1537	Luthers Schmalkaldische Artikel (als Vorbereitung auf ein vom Papst nach Mantua ausgeschriebenes Konzil)
1539	Erster Band einer Gesamtausgabe der deutschen Schriften Luthers erscheint
1545	Erster Band einer Gesamtausgabe der lateinischen Schriften Luthers erscheint
1545–63	Konzil in Trient
1546	23. Januar: Luther reist nach Eisleben zu Schlichtungsverhandlungen zwischen den Mansfelder Grafen; 14. Februar: letzte Predigt Luthers; 18. Februar: Tod Martin Luthers in Eisleben; 22. Februar: Beisetzung in der Wittenberger Schlosskirche